आसमान से आगे

[ग़ज़ल संग्रह]

आसमान से आगे

राजेश रेड्डी

वाणी प्रकाशन

प्रकाशन के उत्कृष्टतम 63 वर्ष

सजिल्द पहला संस्करण : 2009
सजिल्द दूसरा संस्करण : 2026

vaniprakashan.com

वाणी प्रकाशन
4695, 21-ए, दरियागंज, नयी दिल्ली-110 002
फ़ोन : + 91 11 23273167, 23275710
शाखाएँ
अशोक राजपथ, पटना-800 004, बिहार
कॉफ़ी हाउस कैम्पस, महात्मा गांधी मार्ग, प्रयागराज-211 001, उत्तर प्रदेश
महात्मा गांधी अन्तरराष्ट्रीय हिन्दी विश्वविद्यालय, वर्धा-442 001, महाराष्ट्र
sales@vaniprakashan.in
vaniprakashan@gmail.com

Aasman Se Aage
by Rajesh Reddy

ISBN : 978-81-5000-024-3
Collection of Ghazals

मूल्य : ₹ 495

जी.एस. ऑफ़सेट, दिल्ली-110 095 में मुद्रित

वाणी प्रकाशन का लोगो मक़बूल फ़िदा हुसैन की कूची से

अम्मा-बाबा के नाम

राजेश रेड्डी : व्यक्ति और समाज के ज़िन्दा रिश्तों का शाइर

ग़ज़ल को भारत में, भारतीय भाषा में आए हुए लगभग 600 साल से ज़्यादा समय गुज़र चुका है। समय के इस लम्बे रस्ते में वह कई उतार-चढ़ाव से गुज़र के आज के युग तक आई है। बहुत-सी हुकूमतों, बहुत-सी सियासतों, बहुत-सी बरकतों ने इस एक विधा को एक साथ कई परिभाषाओं से जोड़ दिया है, किसी एक भाषा से इसकी पूरी पहचान मुमकिन नहीं है। यह हर युग में, अपने युग के साथ चलती भी रही है और एक ही युग में अलग-अलग शहरों के साथ बदलती भी रही है। अलाउद्दीन खिलजी, सुलतान बलबन और सूफ़ी निज़ामुद्दीन के दौर के शाइर अमीर खुसरो-जिनसे हिन्दुस्तानी भाषा में पहली ग़ज़ल मन्सूब है—

जो यार देखा नैन भर दिल की गयी चिन्ता उतर
ऐसा नहीं कोई अजब राखे उसे समझाए कर

—से इक्कीसवीं सदी की पहली दहाई तक, समय की हर तब्दीली, इस काव्य-विधा को अपना आईना बनाती रही है। आज की ग़ज़ल का एक चेहरा हिन्दी/उर्दू के जाने-पहचाने शाइर राजेश रेड्डी की ग़ज़ल है। मैंने हिन्दी के साथ दानिस्ता उर्दू को जोड़ा है। इस जुड़ाव की वजह भी है। ये दो भाषाएँ जो अब दो नामों से जानी जाती है, पहले दो नहीं थी, दो बना दी गयी हैं। एक से दो बनाए जाने के पीछे कितनी देशी और कितनी विदेशी सियासत है, इसको जानने वाले भी इसे मानने से कतराते हैं। दो लिपियों में लिखी जाने वाली यह ऐसी ज़ुबान है जो होठों से निकलती है तो एक नज़र आती है, मगर काग़ज़ पर आते ही एक से दो बन जाती है। नागरी में इसे हिन्दी कहा जाता है, फारसी अक्षरों में इसे उर्दू का नाम दिया जाता है। और फिर यूँ हुआ—लिपि की अंगुली पकड़े एक संस्कृत से जुड़ने लगी और दूसरी फ़ारसी और अरबी की तरफ मुड़ने लगी; भाषा की ये दोनों दिशाएँ पंडितों और मौलवियों की यात्राएँ हैं जिनमें किसी दौर में भी ख़ुसरो, कबीर से लेकर राजेश रेड्डी तक आम आदमी की शिरकत नहीं रही। राजेश की ग़ज़ल की भाषा उसी

साधारण जन को तलाश करती महसूस होती है जो प्रारम्भिक हिन्दुस्तानी से निकल कर कहीं ग़ायब हो गया था। राजेश अपने मिज़ाज से समाज में हर बँटवारे के खिलाफ़ हैं, वह सियासत की उठाई इस भाषा विवाद की दीवार को ढहाते ही नहीं, परम्परा की टूटी बिखरी कड़ियों को भी एक-दूसरे से मिलाते हैं। उनका ग़ज़लकार समाज में फैले हर अलगाव को नकारता है, इन अलगावों में सिर्फ भाषा ही नहीं, उनका विद्रोह हर उस चिन्तन से है जो आदमी को इन्सान बनने से रोकता है। उन्होंने इस विद्रोह की अभिव्यक्ति का माध्यम ग़ज़ल को बनाया है।

मस्जिदों पर जान दी कुर्बां शिवालों पर हुए
कितने काले तजरबे उजली किताबों पर हुए

जुड़ते जाते मज़हब से
रब से कटते जाते हैं

राजेश की ग़ज़ल पढ़ी भी जाती हैं और गाई भी जाती हैं। यह दोनों लिपियों में होने के बावजूद हर रूप में आम आदमी की ज़ुबान में और उसी के ज़रिए विवादों की गाठें खोलती हैं। इस ग़ज़ल ने पिछली कतार के उसी अनाम वजूद से रिश्ता जोड़ा है जो सदियों से कभी धर्म से हंकाया जाता है, कभी राजनीति से बहकाया जाता है और कभी शोषण के अलावों में जलाया जाता है। अपने इस रचनात्मक रवैये का इज़हार उन्होंने अपने एक शे'र में यूँ किया है।

न जाने कितनी सारी बेड़ियों को
पहन लेते हैं हम गना समझकर

राजेश रेड्डी आदमी की बेड़ियों से ही नाराज़ नहीं हैं, वह आदमी की उस भूल को भी मुआफ़ नहीं करते जो बेड़ियों को ज़ेवर समझने का फ़रेब खाते हैं और आदमी से इन्सान बनने के बजाए जानवर बनते जाते हैं। उनकी ग़ज़ल नाराज़ ज़ेहन की पैदावार ज़रूर है, मगर यह कलाकार और पत्रकार के अन्तर को पहचानती भी है, और दोनों माध्यमों की सीमाओं को जानती भी। वह नाराज़ भी होते हैं, ग़ुस्सा भी दिखाते हैं, सोते ज़ेहनों को जगाते भी हैं, सामाजिक विरोधाभास पर सवालिया निशान लगाते भी हैं, मगर ग़ज़ल में ग़ज़ल-विधा की हदों से बाहर निकलने की भूल नहीं करते। यही एहतियात राजेश रेड्डी की ग़ज़ल को ग़ज़ल को ऐतिबार और मैयार देती है–

जो हो सके तो लकीर होना
लकीर के मत फ़क़ीर होना

देखकर तख़लीक़ अपनी सोचता तो होगा रब
दिल में क्यों आया मिरे दुनिया बनाने का ख़याल

इक और ही जहाँ की थी हम को तो जुस्तुजू
संसार जो न जी सके संसार की तरह

बाद में मैंने बुलन्दी को छुआ
अपनी नज़रों से गिरा था पहले

छोड़ो भी महबूब की बातें
शे'र कहो कुछ घर-आँगन के

राजेश रेड्डी की पहली काव्य यात्रा का पड़ाव 'उड़ान' था, जो थोड़े ही समय में दो संस्करणों से तीसरे की ओर जा रहा है। उनके लेखन की लोकप्रियता का कारण यह है कि वह व्यक्ति और समाज के ज़िन्दा रिश्तों के शाइर हैं। उन्होंने ग़ज़ल के परम्परागत महबूब को छोड़कर—अपने सपनों से एक घर-आँगन बनाया है, जिसमें सूरज की हरारत भी है, चाँद की रौशनी भी है, मुहब्बत भी है और इनके साथ तहज़ीब की वह इन्सानियत भी है—जो होशमन्द ज़ेहन की ज़रूरत भी है।

राजेश सूफ़ियाना लटक के कलमकार हैं। 'उड़ान' में भी उनकी भाषा और ख़याल के दायरे में, समाज और जीवन का टकराव ही केन्द्रीय विचार है, लेकिन यह टकराव प्रश्नात्मक कम है उत्तरात्मक अधिक है। 'उड़ान' में ज़िन्दगी और मौत की आँख-मिचौनी इस टकराव के घेरे को थोड़ा सीमित करती दिखाई देती है—लेकिन बाद में इस घेरे में फैलाव भी आता है और उनकी सोच में भी सूफी सन्तों की माया में काया के दर्शन होने लगे हैं। उनकी ग़ज़ल में इस तब्दीली के आसार शुरू से ही नज़र आते हैं लेकिन 'उड़ान' में वह अपनी नाराज़गी को खिलौनों से बहलाकर शान्त भी कर देते हैं—

यहाँ हर शख़्स हर पल हादिसा होने से डरता है
खिलौना है जो मिट्टी का फ़ना होने से डरता है

ख़जाना कौन-सा उस पार होगा
वहाँ भी रेत का अंबार होगा

मिट्टी का जिस्म लेके मैं पानी के घर में हूँ
मंज़िल है मेरी मौत में हर पल सफ़र में हूँ

सराये है जिसे नादाँ मुसाफिर
कभी दुनिया कभी घर बोलते हैं।

ऐसा नहीं है कि शे'रों में जो जीवन की अर्थहीनता महसूस होती है वह पूरी किताब का फ़िक्री दायरा हो। इसी किताब में ज़िन्दगी से प्यार की वे झलकियाँ भी कम नहीं हैं, जो नयी किताब में कहीं प्रोटेस्ट बनकर आवाज़ उठाती हैं और कभी ज़िन्दगी को ज़िन्दगी की तरह जीने का एहसास जगाती है।

मेरे दिल के किसी कोने में इक मासूम-सा बच्चा
बड़ों की देखकर दुनिया बड़ा होने से डरता है

गीता हूँ कुरआन हूँ मैं
मुझको पढ़ इन्सान हूँ मैं

थी यही कोशिश मेरी पगड़ी न जाय
बस इसी कोशिश में मेरा सर गया

बेच डाला हमने कल अपना ज़मीर
ज़िन्दगी का आख़िरी ज़ेवर गया

ये सारे शहर में दहशत सी क्यू है
यक़ीनन कल कोई-त्योहार होगा

दिल भी इक बच्चे की मानिंद अड़ा है ज़िद पर
या तो सब कुछ ही इसे चाहिये या कुछ भी नहीं

राजेश रेड्डी की ग़ज़लों की एक और विशेषता जो उनके पाठकों को आकर्षित करती है और जिसके कारण उनकी अभिव्यक्ति में फ्रेशनेस उभारती है वह नयी-नयी रदीफ़ों का इस्तेमाल और कई छन्दों का जमाल भी है। नयी रदीफ़ें ग़ज़ल की फ़िज़ा ही नहीं बदलती—इस फ़िज़ा में पठनीयता की चमक भी उभारती हैं। इन रदीफ़ों में—का ख़्याल, से निकलकर, छोटा करके, ओढ़कर, बनाकर छोड़ा, पड़ गया तो, समझ के छोड़ दिया वग़ैरा काफ़ियों को ही नये आयाम ही नहीं देतीं, शे'र में विचार को भी नये नाम देती हैं।

आँसुओं वाली हर एक बात को छोटा करके
मुस्कुरा लेते हैं हालात को छोटा करके

हमपे बचपन ही से महरुमी रही है मेह्रबाँ
खेलने की उम्र में आया कमाने का ख़याल

सोचा न कभी खाने-कमाने से निकलकर
हम जी न सके अपने ज़माने से निकलकर

हक़ीक़तों को फ़साना समझके छोड़ दिया
नए दुखों को पुराना समझ के छोड़ दिया

मेरे पीछे ज़माना पड़ गया तो??
कहीं सबसे निभाना पड़ गया तो?

अपने भी ख़्वाब देखें बिखर तो नहीं गए
जीते जी हम भी जिस्म में मर तो नहीं गए

पराई आग से उठता धुआँ कुछ और होता है
पर अपने घर के जलने का समाँ कुछ और होता है

काफ़िले लेके हर इक सिम्त चले सौदागर
सारे संसार को बाज़ार बनाकर छोड़ा

राजेश की ग़ज़लें पढ़ते हुए मार्क ट्वेन की बात याद आती है। उसने एक लेख में लिखा था—अगर ज़ेहन सन्तुलित हो तो हर वस्तु में सौन्दर्य होता है और अगर यह सन्तुलन न हो तो सुन्दर-से-सुन्दर वस्तु भी गुस्सा जगा सकती है। राजेश ने अपनी ग़ज़ल में सामाजिक विरोधाभासों के प्रति क्रोध प्रकट करते हुए भी अपने कवि-ज़ेहन का सन्तुलन नहीं खोया और यह ख़ूबी उनकी ग़ज़ल को ग़ज़लों की भीड़ में एक अलग पहचान देती है।

—निदा फ़ाज़ली

अनुक्रम

आसमान से आगे

चमकती चीज़ को सोना समझ कर

चमकती चीज़ को सोना समझ कर
बहुत पछताये किसको क्या समझ कर

न जाने कितनी सारी बेड़ियों को
पहन लेते हैं हम गहना समझ कर

हमारी प्यास की शिद्दत न पूछो
समुन्दर पी गये क़तरा समझ कर

समुन्दर के ख़जाने मुन्तज़िर थे
हमीं उतरे नहीं गहरा समझ कर

भँवर तक हमको पहुँचाया उसी ने
जिसे थामे थे हम तिनका समझ कर

मस्जिदों पर जान दी क़ुर्बां शिवालों पर हुए

मस्जिदों पर जान दी क़ुर्बां शिवालों पर हुए
कितने काले तजरुबे उजली किताबों पर हुए

सर तलक तो बाद में आयी मेरे दुश्मन की तेग़
उससे पहले अनगिनत हमले ख़यालों पर हुए

फ़ायदे-नुक़सान में हमने न उलझाया दिमाग़
अपने सारे फ़ैसले दिल के इशारों पर हुए

तू जवाबों से हमारे मुतमइन हो या न हो
हम फ़िदा ऐ ज़िन्दगी! तेरे सवालों पर हुए

अब तलक तो कम न कर पाये ज़मीं के दर्द को
तजरुबे जो आसमाँ के चाँद-तारों पर हुए

कठपुतलियों का खेल है हर बार की तरह

कठपुतलियों का खेल है हर बार की तरह
जीना किसी कहानी के किरदार की तरह

होंगे नये खिलौने, ख़रीदार कल नये
दुनिया सजी रहेगी ये बाज़ार की तरह

इक और ही जहाँ की थी हमको तो जुस्तजू
संसार को न जी सके संसार की तरह

रावन के ज़ुल्म सहके अदालत में राम की
सीता खड़ी हुई है गुनहगार की तरह

हमको जहाँ-जहाँ भी नयी सोच ले गयी
दुनिया वहाँ-वहाँ मिली दीवार की तरह

दिल तो नहीं था हो लिये फिर भी जहाँ के साथ
इनकार भी न कर सके इनकार की तरह

मैं कब उन्हें बुलाता हूँ आते हैं ख़ुद-ब-ख़ुद
ग़म भी हैं मेहरबाँ मेरे अशआर की तरह

कुछ परिन्दों को तो बस दो-चार दाने चाहिए

कुछ परिन्दों को तो बस दो-चार दाने चाहिए
कुछ को लेकिन आसमानों के ख़ज़ाने चाहिए

दोस्तों का क्या है वो तो यूँ भी मिल जाते हैं मुफ़्त
रोज़ इक सच बोल कर दुश्मन कमाने चाहिए

तुम हक़ीक़त को लिये बैठे हो तो बैठे रहो
ये ज़माना है इसे हर दिन फ़साने चाहिए

रोज़ इन आँखों के सपने टूट जाते हैं तो क्या
रोज़ इन आँखों में फिर सपने सजाने चाहिए

बारहा खुश हो रहे हैं क्यूँ उन्हीं बातों पे लोग
बारहा जिन पर उन्हें आँसू बहाने चाहिए

हो गयीं नाकाम आख़िर सारी तदबीरें तो क्या

हो गयीं नाकाम आख़िर सारी तदबीरें तो क्या
गर न बदलीं इतने पर भी अपनी तक़दीरें तो क्या

ये हक़ीक़त है कि अपनी ज़िन्दगी ख़्वाबों से है
अपने हाथों में नहीं ख़्वाबों की ताबीरें तो क्या

ज़िन्दगी की जंग में होना है हमको सुर्ख़रु
अपनी क़िस्मत में नहीं आयी हैं शमशीरें तो क्या

आँधियों में भी बचा रक्खी है जैसे-तैसे लौ
धुँधली-धुँधली सी हैं मुस्तक़बिल की तस्वीरें तो क्या

काट ही लेंगे हम अपनी ज़िन्दगानी का सफ़र
वक़्त ने पहनायी हैं पाँवों में ज़ंजीरें तो क्या

छोड़ते ही जायेंगे हम रोज़ साहिल पर नुकूश
वक़्त की मौजें मिटायें रोज़ तहरीरें तो क्या

शुक्र है रब ने हमें बख़्शा क़लन्दर का मिज़ाज
इन लकीरों में नहीं लिक्खी हैं जागीरें तो क्या

गुलसिताँ से दूर लाया आबोदाने का ख़याल

गुलसिताँ से दूर लाया आबोदाने का ख़याल
अब रुलाता है क़फ़स में, आशियाने का ख़याल

हम पे बचपन ही से महरुमी रही है मेहरबाँ
खेलने की उम्र में आया कमाने का ख़याल

झाँकना अपने गिरेबाँ में नहीं आया उसे
जिसके दिल में आ गया पत्थर उठाने का ख़याल

मसअले आपस-के-आपस ही में सुलझाते थे लोग
किस जहाँ की बात है ये किस ज़माने का ख़याल

खुल जा सिम-सिम खुल जा सिम-सिम कहते-कहते मर गये
दफ़्न हो कर रह गया दिल में ख़जाने का ख़याल

देख कर तख़लीक़ अपनी सोचता तो होगा रब
दिल में क्यूँ आया मेरे दुनिया बनाने का ख़याल

चाहते तो हम भी हैं दरबार में जाना मगर
पाँव को रोके हुए है सर झुकाने का ख़याल

सोना-चाँदी, हीरे-मोती, गहने-ज़ेवर की हवस
दिल में क्यूँ टिकता नहीं मिट्टी में जाने का ख़याल

आज़माइश आज़माइश आज़माइश कब तलक
ज़िन्दगी! अब छोड़ भी दे आज़माने का ख़याल

सोचा न कभी खाने-कमाने से निकल कर

सोचा न कभी खाने-कमाने से निकल कर
हम जी न सके अपने ज़माने से निकल कर

जाना है किसी और फ़साने में किसी दिन
आये थे किसी और फ़साने से निकल कर

ढलता है लगातार पुराने में नया दिन
आता है नया दिन भी पुराने से निक़ल कर

दुनिया से बहुत ऊब के बैठे थे अकेले
अब जायें कहाँ दिल के ठिकाने से निकल कर

किस काम की यारब तेरी अफ़सानानिगारी
किरदार भटकते हैं फ़साने से निकल कर

चेहरों की बड़ी भीड़ में दम घुट-सा गया था
साँस आयी मेरी आईनाख़ाने से निकल कर

कोशिश से कहाँ हमने कोई शे'र कहा है
आये हैं गुहर खुद ही ख़ज़ाने से निकल कर

जो हो सके तो लकीर होना

जो हो सके तो लकीर होना
लकीर का मत फ़कीर होना

मैं चाहता हूँ अमीर होना
ज़रा-ज़रा बेज़मीर होना

मैं फूँक कर घर बिलक रहा हूँ
न आया मुझको कबीर होना

चुना हमी ने निशाना बनना
हमें भी आता था तीर होना

वज़ीर तो चाहे बादशाही
पयादा चाहे वज़ीर होना

ख़ज़ाने अन्दर के ढूँढ पाना
नहीं है आसाँ फ़क़ीर होना

क़दम तले चाहते हैं मंज़िल
किसे है अब राहगीर होना

लगा रहा है ग़मों के मेले
खुशी की ख़ातिर अधीर होना

है फ़िक्रो-फ़न के करिश्मे जैसा
ग़ज़ल में ग़ालिब या मीर होना

आँसुओं वाली हर इक बात को छोटा करके

आँसुओं वाली हर इक बात को छोटा करके
मुस्कुरा लेते हैं हालात को छोटा करके

ज़िन्दगानी के तक़ाज़े ही थे कुछ इतने शदीद
दिन बड़ा करना पड़ा रात को छोटा करके

धूप की तेज़ी तो सह लेता है छप्पर मेरा
देख सकता नहीं बरसात को छोटा करके

वक़्त ख़ुद आपके क़दमों में झुका आयेगा
देखिये वक़्त की औक़ात को छोटा करके

ज़िन्दगी अपनी करिश्मा या करामत ही तो है
देखते क्यूँ हो करामात को छोटा करके

उसने जिस हाथ से तामीर किया ताजमहल
रख दिया वक़्त ने उस हाथ को छोटा करके

अश्क आँखों में तरसते हैं बरसने के लिए
लोग अब जीते हैं जज़्बात को छोटा करके

गोलियाँ गाँधी को देता रहा ईसा को सलीब
रक्खा हर दौर ने सुक़रात को छोटा करके

चल ही देते हैं परिन्दे बड़ी परवाज़ों पर
आसमानों के तिलिस्मात को छोटा करके

अपने भी ख़्वाब देखें बिखर तो नहीं गये

अपने भी ख़्वाब देखें बिखर तो नहीं गये
जीते जी हम भी जिस्म में मर तो नहीं गये

हासिल तो हो गयी है हमें भी बुलन्दियाँ
नज़रों से अपनी हम भी उतर तो नहीं गये

क्यूँ आ रही हैं कमरे से मासूम सुबकियाँ
बच्चे हमारे नींद में डर तो नहीं गये

कोई हमें भुला के भी जीता है ज़िन्दगी
हम भी किसी की याद में मर तो नहीं गये

अफ़सोस क्या सरों से जो दस्तारें गिर गयीं
ये लोग इस पे ख़ुश हैं कि सर तो नहीं गये

क्यूँ इन दिनों नहीं हैं ज़माने से कुछ गिला
औरों के साथ हम भी सुधर तो नहीं गये

तामीर कर दिखायेंगे फिर ताज हम नया
गो हाथ कट गये हैं हुनर तो नहीं गये

तहज़ीब उस जहान की आने लगी इधर
आदाब इस जहाँ के उधर तो नहीं गये

छप्पर तो अपने जाने ही वाले थे अब के भी
आँधी में अब के बूढ़े शजर तो नहीं गये

रोज़ घिसटते जाते हैं

रोज़ घिसटते जाते हैं
बस दिन कटते जाते हैं

पढ़ता कौन है जीवन को
वरक़ पलटते जाते हैं

चादर तो क्या बढ़नी है
पाँव सिमटते जाते हैं

जुड़ते जाते मज़हब से
रब से कटते जाते हैं

रोज़ सिमटती दुनिया में
इन्साँ बँटते जाते हैं।

बढ़ती जाती हैं उम्रें
जीवन घटते जाते हैं

बनते जाते ताजमहल
हाथ भी कटते जाते हैं

रोज़ नये बाज़ारों से
रस्ते पटते जाते हैं

चन्दन के गुन वालों से
साँप लिपटते जाते हैं

हमारे साथ ही जायेगी बेचैनी हमारी क्या

हमारे साथ ही जायेगी बेचैनी हमारी क्या
मुक़द्दर में लिखी है उम्र भर की बेक़रारी क्या

मयस्सर अब तलक होती रही है टुकड़ों-टुकड़ों में
मिलेगी ज़िन्दगी हमको कभी सारी-की-सारी क्या

अँधेरे-ही-अँधेरे दूर तक फैले हैं बस्ती में
इधर से भी कभी गुज़रेगी सूरज की सवारी क्या

मैं कैसे मान लूँ मैं ही सबब हूँ अपने हर ग़म का
नहीं है ज़िन्दगी, तेरी भी कोई ज़िम्मेदारी क्या

ये दुख जितने भी हैं सब, क्यूँ नहीं इक साथ आ जाते
परेशाँ करते रहते हैं हमें यूँ बारी-बारी क्या

उतारो उसको ग़ज़लों में या ढालो अपने अश्कों में
लिये फिरते हो दिल पर बोझ-सा ये भारी-भारी क्या

ये जो पड़े हैं राह पे आकाश ओढ़ कर

ये जो पड़े हैं राह पे आकाश ओढ़ कर
पानी भी इनको मिलता है पत्थर निचोड़ कर

आख़िर गयी न पाँव तले की ज़मीन भी
किसने कहा था चाँद-सितारों से होड़ कर

गौतम के बाद दूसरा गौतम नहीं हुआ
निकले तो बेशुमार हैं घर-बार छोड़ कर

सोया हुआ था तान के चादर मैं ख़्वाब की
मुझको हक़ीक़तों ने जगाया झिंझोड़ कर

जाने दे आसमान से आगे ऐ ज़िन्दगी
कब तक उड़ूँगा यूँ ही परों को सिकोड़ कर

यारब दिला भी दे हमें इस दौर से निजात
ले आ कभी तो गुज़रे ज़माने को मोड़ कर

क़ाबिल-ज़हीन होना ही काफ़ी नहीं यहाँ
कुछ मिल-मिला भी लोगों से कुछ भाग-दौड़ कर

डोरे तो दुनियादारी ने डाले बहुत मगर
हमने उसे रवाना किया हाथ जोड़ कर

ता उम्र ज़िन्दगी को मनाते ही रह गये
हम ला न पाये चाँद-सितारों को तोड़ कर

हाथ से हर एक मौक़े को निकल जाने दिया

हाथ से हर एक मौक़े को निकल जाने दिया
हमने ही ख़ुशियों को रंजो-ग़म में ढल जाने दिया

जीत बस इक वार की दूरी पे थी हमसे, मगर
दुश्मनों को हमने मैदाँ में सँभल जाने दिया

उम्र भर हम सोचते ही रह गये हर मोड़ पर
फ़ैसलाकुन सारे लम्हों को फिसल जाने दिया

तुम तो इक बदलाव लाने के लिए निकले थे, फिर
ख़ुद को क्यूँ हालात के हाथों बदल जाने दिया

हम भी वाक़िफ़ थे ख़यालों की हक़ीक़त से, मगर
हमने भी दिल को ख़यालों से बहल जाने दिया

रफ़्ता-रफ़्ता बिजलियों से दोस्ती-सी हो गयी
रफ़्ता-रफ़्ता आशियाना हमने जल जाने दिया

टालते हैं लोग तो सर से मुसीबत की घड़ी
हमने लेकिन कामयाबी को भी टल जाने दिया

उतने में गुज़र कर ली जितना था मुक़द्दर में

उतने में गुज़र कर ली जितना था मुक़द्दर में
सिमटे ही रहे हर दम सिकुड़ी हुई चादर में

अब राम तो बाहर हैं हर दौड़ से जीवन की
तोड़ेगा धनुष रावण सीता के स्वयंवर में

हर एक की क़िस्मत में उद्धार नहीं होता
कितनी ही अहिल्याएँ मर जाती हैं पत्थर में

है फ़िक्र नहीं मुझको ठुकरा दे अगर दुनिया
रहती है हमेशा ही दुनिया मेरी ठोकर में

इस घर में जो आये हैं हम आये हैं किस घर से
इस घर से जो जायेंगे हम जायेंगे किस घर में

वो अम्नो-अमाँ के दिन काफ़ूर हुए कब के
गुज़रेगा हर इक पल अब इस ख़ौफ़ में उस डर में

बस जीतने वालों की दीवानी है ये दुनिया
और हम हैं हमेशा से हारे हुए लश्कर में

पराई आग से उठता धुआँ कुछ और होता है

पराई आग से उठता धुआँ कुछ और होता है
पर अपने घर के जलने का समाँ कुछ और होता है

अजब-सी कशमकश में मुब्तिला हैं ज़ेहनो-दिल मेरे
मैं कहना चाहता हूँ कुछ बयाँ कुछ और होता है

निकलता तो है आदत के मुताबिक़ रोज़ ही सूरज
नये दिन का मगर चेहरा कहाँ कुछ और होता है

फ़क़त दो-चार तिनकों से बसेरा अब नहीं बनता
परिन्दों के लिए अब आशियाँ कुछ और होता है

समझ पाना किसी इन्सान के सच को है नामुमकिन
अयाँ कुछ और होता है निहाँ कुछ और होता है

धुआँ तो एक-सा उठता है कोई आग हो लेकिन
उमीदों की चिताओं का धुआँ कुछ और होता है

फ़क़त साँसों का चलना है अलामत अपने जीने की
वगरना ज़िन्दगानी का निशाँ कुछ और होता है

वतन की बढ़ती ख़ुशहाली है छाई इश्तहारों में
मगर अपने लिये हिन्दोस्ताँ कुछ और होता है

सुना है भीड़ में पहचान रखती है ग़ज़ल अपनी
सुना है अपना अन्दाज़-ए-बयाँ कुछ और होता है

दिल के दरवाज़ों को दीवार बना कर छोड़ा

दिल के दरवाज़ों को दीवार बना कर छोड़ा
फूल से रिश्तों को तलवार बना कर छोड़ा

जंग ये कैसी है जिसके सिपहसालारों ने
नन्हे-मुन्नों को भी हथियार बना कर छोड़ा

क़ाफ़िले लेके हर इक सिम्त चले सौदागर
सारे संसार को बाज़ार बना कर छोड़ा

इश्तहारों में जो थीं ग़ैर ज़रूरी चीज़े
हमको उनका भी ख़रीदार बना कर छोड़ा

ज़िन्दगी करना ही मुश्किल था जिन्हें, उनको भी
चाँद-तारों का तलबगार बना कर छोड़ा

सुर मिलाना ही पड़ा सुर में ज़माने के मुझे
मेरे इनकार को इक़रार बना कर छोड़ा

हाथ पहले भी न फैलाए गये थे हमसे
वक़्त ने और भी ख़ुद्दार बना कर छोड़ा

वक़्त ने और भी ख़ूँखार किया रावन को
राम को और भी लाचार बना कर छोड़ा

रोज़ ही चढ़ना पड़ा एक नयी सूली पर
हमको इस दौर ने अवतार बना कर छोड़ा

जब भी जहाँ में आये हैं हम कुछ ऐसे हालात बने

जब भी जहाँ में आये हैं हम कुछ ऐसे हालात बने
कभी बनाये गये हम ईसा और कभी सुक़रात बने

दिल से धुआँ उठता है इतना फिर आँसू दो-चार ही क्यूँ
जब इतने सारे बादल हैं थोड़ी तो बरसात बने

कौन खिलाता है फूलों को, कौन है ख़ालिक़ ख़ुशबू का
किसने बनाये चाँद और सूरज, कैसे ये दिन-रात बने

मैंने कब माँगी थी यारब! तूने ही बख़्शी थी हयात
कब तक एक अज़ाब रहेगी कभी तो ये सौग़ात बने

बर आये उम्मीद कोई तो, कोई तो सूरत आये नज़र
कभी तो कोई अरमाँ निकले, कभी तो कोई बात बने

दुआ मरने की माँगी ज़ीस्त की ख़्वाहिश निकल आयी

दुआ मरने की माँगी ज़ीस्त की ख़्वाहिश निकल आयी
न जाने कैसे तपती धूप में बारिश निकल आयी

समझते थे हम अपनी मौत को इक हादसा अब तक
मगर तफ़्तीश में वो क़त्ल की साज़िश निकल आयी

चले थे घर से समझा कर बहुत इस दिल को हम, लेकिन
नये मेले में दुनिया के नयी ख़्वाहिश निकल आयी

कहा है ज़िन्दगी ने फिर किसी दिन मिल के बैठेंगे
चलो फिर कुछ मुलाक़ातों की गुंजाइश निकल आयी

बड़ी मुश्किल से हम घर के लिए कुछ लेने निकले थे
कलेजा चीरती बच्चों की फ़रमाइश निकल आयी

हम भी देवता कब थे, तुम भी आदमी ठहरे

हम भी देवता कब थे, तुम भी आदमी ठहरे
दुश्मनी बहुत हो ली, अब तो दोस्ती ठहरे

ज़िन्दगी के हर पल को आख़िरी समझ कर जी
जाने कौन-सा लम्हा तेरा आख़िरी ठहरे

लौट-लौट जाती है हर ख़ुशी मेरे दर से
ग़म के हों जहाँ डेरे-क्यूँ वहाँ ख़ुशी ठहरे

हम तो काइनातों के हैं पुराने बंजारे
ये जहाँ कि वो दुनिया, हम कहाँ कभी ठहरे

ये बहुत ही मुमकिन है मेरा क़त्ल हो जाये
और फिर अदालत में क़त्ल ख़ुदकुशी ठहरे

इक सराब के पीछे दौड़ती है सदियों से
देखिये कहाँ जा कर अब ये ज़िन्दगी ठहरे

हम ढहाते मस्जिद को, तोड़ता है वो मन्दिर
वो भी मज़हबी ठहरा, हम भी मज़हबी ठहरे

गोलियां धाएं-धाएं करती हैं

गोलियाँ धाएँ-धाएँ करती हैं
बस्तियाँ साएँ-साएँ करती हैं

हर तरफ़ मातमी अँधेरा है
रोशनी बस चिताएँ करती हैं

दूर देसों से जो न लौटेंगे
इन्तज़ार उनका माएँ करती हैं

हर नये युग के रास्ते रोशन
कुछ पुरानी कथाएँ करती हैं

भूल जायें भले उन्हें बेटे
माएँ फिर भी दुआएँ करती हैं

कुछ बताता है दिल मुसाफ़िर को
कुछ इशारे दिशाएँ करती हैं

सख़्तदिल हैं अदालतें दिल की
बस मुक़र्रर सज़ाएँ करती हैं

चैन से बैठती नहीं ख़ुशियाँ
आते ही ''जाएँ-जाएँ'' करती हैं

मरने पे भी राज़ी थे जीना भी गवारा था

मरने पे भी राज़ी थे जीना भी गवारा था
कुछ ऐसा ही जीने का अन्दाज़ हमारा था

कुल चार ही दिन का था दुनिया में क़याम अपना
हर पल को मगर हमने गिन-गिन के गुज़ारा था

पर खो के ख़लाओं से लौटा है ज़मीं पर जो
पँछी वो बड़ी ऊँची परवाज़ का मारा था

तूफ़ानों की साज़िश में तिनके भी हुए शामिल
हम डूबने वालों का फिर कौन सहारा था

क्या सोच के दुनिया के पीछे मैं चला आया
हालाँकि मेरे दिल का कुछ और इशारा था

ये दिन हैं कि घर-घर में उठने लगी दीवारें
वो दिन थे कि जब सारा संसार हमारा था

जुगनू-सी लगी हमको वो बूँद उजाले की
जो ग़ौर से देखा तो टूटा हुआ तारा था

दिल से आवाज़ जब अनसुनी आयेगी

दिल से आवाज़ जब अनसुनी आयेगी
बात शे'रों में तब अनकही आयेगी

रहगुज़र में अभी ज़िन्दगी आयी है
चलते-चलते कभी मौत भी आयेगी

बस इसी आस में ज़िन्दगी कट गयी
अब ख़ुशी आयेगी अब ख़ुशी आयेगी

जिस दिशा में भी जायें ख़ुशी ढूँढ़ने
राह में आँसुओं की नदी आयेगी

चाँद-सूरज के मालिक, ज़रा ये बता
मेरे हिस्से में कब रोशनी आयेगी

जिस्म उठाए सर का बोझ

जिस्म उठाए सर का बोझ
सर पर दुनिया भर का बोझ

घर में ढोएँ सफ़र का बोझ
और सफ़र में घर का बोझ

झेल रही हैं ये आँखें
अनचाहे मंज़र का बोझ

दिल पर चोट ज़माने की
शीशे पर पत्थर का बोझ

कोई परिन्दा पिन्जरे में
कब तक ढोए पर का बोझ

कर्ज़ लिया तिनका-तिनका
सर पर है छप्पर का बोझ

सिकुड़े-सिमटे पाँवों पर
छोटी-सी चादर का बोझ

ले कर आता है अख़बार
रोज़ इक बुरी ख़बर का बोझ

क़ब्र में साथ ही उतरेगा
ये अपने अन्दर का बोझ

ये ख़ौफ़ मौत का जीने की आरज़ू क्या है

ये ख़ौफ़ मौत का जीने की आरज़ू क्या है
जनम-जनम से मुसलसल ये जुस्तजू क्या है

कभी तो नज़रें हटा दूसरों के चेहरों से
कभी तो देख ले आईने में कि तू क्या है

बरी तो हो गया कब का पर उसके ख़ंजर से
ज़रा-ज़रा-सा टपकता हुआ लहू क्या है

मिली है चार ही दिन के लिए अगर दुनिया
तो फिर ये खेल-तमाशा-सा चारसू क्या है

है सहल बेचना इसका, ख़रीदना आसाँ
अब इस जहान में ईमाँ की आबरू क्या है

ये किन ख़यालों में रहते हो मुब्तिला हर दम
खुद अपने-आप से हर वक़्त गुफ़्तगू क्या है

ये आईने में मुक़ाबिल मेरे खड़ा है कौन
मेरे ही रूप में ये मेरे रू-ब-रू क्या है

अपना सूरज यूँ ही जल-बुझ कर धुआँ होता रहा

अपना सूरज यूँ ही जल-बुझ कर धुआँ होता रहा
रोज़ के मरने पे जीने का गुमाँ होता रहा

हर घरोंदा बनके आख़िर बेनिशाँ होता रहा
फ़लसफ़ा यूँ ज़िन्दगानी का बयाँ होता रहा

कुल मिला कर दो पलों का फ़ासला थी ज़िन्दगी
कितना कुछ इन दो पलों के दरमियाँ होता रहा

काम जो बनने ही वाले थे बिगड़ कर रह गये
वक़्त कुछ ऐसे भी हम पर मेहरबाँ होता रहा

आसमाँ को देख कर होती रही हैराँ ज़मीं
और ज़मीं को देख हैराँ आसमाँ होता रहा

मेरे चेहरे पे जब चेहरा नहीं था

मेरे चेहरे पे जब चेहरा नहीं था
मैं आईने से यूँ डरता नहीं था

मुझे झुकना पड़ा हर इक के आगे
मेरे क़द से कोई ऊँचा नहीं था

पयादों ने ही दीं क़ुर्बानियाँ सब
शहीदों में कोई राजा नहीं था

जहाँ जैसा नज़र आता था जो कुछ
वहाँ दरअसूल वो वैसा नहीं था

वही घर मेरे अन्दर रह रहा था
मैं जिस घर में कभी रहता नहीं था

था बाज़ारों में जिसका बोलबाला
हमारे पास वो सिक्का नहीं था

पशेमाँ था गवाही देके मैं तो
वो क़ातिल होके शर्मिन्दा नहीं था

वो मेरी फ़िक्र का मरकज़ था लेकिन
मैं उसकी सोच का हिस्सा नहीं था

मेरे पीछे ज़माना पड़ गया तो?

मेरे पीछे ज़माना पड़ गया तो?
कहीं सबसे निभाना पड़ गया तो?

जहाँ इक बार पगड़ी गिर चुकी है
फिर उस मेहफ़िल में जाना पड़ गया तो?

जिसे लूटा था सौ हाथों से हमने
ख़ज़ाना वो लुटाना पड़ गया तो?

हमें हँसने की आदत है ग़मों में
ख़ुशी में मुस्कुराना पड़ गया तो?

डुबोने में लगे हो दूसरों को
कभी ख़ुद को बचाना पड़ गया तो?

जिसे तुम भूल जाना चाहते हो
उसे सचमुच भुलाना पड़ गया तो?

न इतना नाज़ कीजे दोस्ती पर
किसी दिन आज़माना पड़ गया तो?

ज़रा-सा और पाने की हवस में
कहीं सब कुछ गँवाना पड़ गया तो?

भँवर से कहाँ नाख़ुदा ने बचाया

भँवर से कहाँ नाख़ुदा ने बचाया
हमें नाख़ुदा से ख़ुदा ने बचाया

अगर और जीते तो मरते मुसलसल
हमें ज़िन्दगी से क़ज़ा ने बचाया

हमें देवता मान बैठी थी दुनिया
बचाया हमारी ख़ता ने बचाया

किसी ने हवा से बचाया दिये को
किसी के दिये को हवा ने बचाया

ज़मीं ने तो उलझा लिया था हमें भी
किसी आसमानी सदा ने बचाया

जब आयी तो आसाँ लगी मौत हमको
हमें ख़ौफ की इन्तहा ने बचाया

मैं जहाँ में कभी जिया तो था

मैं जहाँ में कभी जिया तो था
इक तमाशा-सा कुछ हुआ तो था

उस नजूमी ने कुछ कहा तो था
इन लकीरों में कुछ लिखा तो था

मेरे दर पर कभी ख़ुशी का पल
इक ज़रा देर को रूका तो था

देखने की न कर सका जुरअत
सामने मेरे आईना तो था

मैं ही महसूस कर नहीं पाया
ज़िन्दगी ने मुझे छुआ तो था

हड़बड़ाने लगा मैं हँसते वक़्त
मुझको रोने का तजरुबा तो था

ताज था, तख़्त था या दौलत थी
मेरे क़दमों पे कुछ गिरा तो था

ज़िन्दगी देखती रही मुझको
नाम उसने मेरा सुना तो था

मौत के ख़ौफ से निजात न थी
रोज़ मरने का हौसला तो था

जब भी देखा है आईना साहब

जब भी देखा है आईना साहब
अपना चेहरा उतर गया साहब

मुस्कुराने से कब छुपा साहब
दर्द रोने से कब घटा साहब

आपको रास आ गया जीना
अपना-अपना है तजरुबा साहब

ज़िन्दगानी ने था चुना हमको
हमने उसको नहीं चुना साहब

ज़िन्दगी बन गयी है अपनी तो
रोज़ मरने का सिलसिला साहब

हम ही क़ाबिल न बन सके उसके
ज़िन्दगानी से क्या गिला साहब

रफ़्ता-रफ़्ता वो ख़ाक़ होता गया
बन्द मुट्ठी में जो भी था साहब

जिनके क़ब्जे में सारी किरने थीं
उनका सूरज भी ढल गया साहब

ज़िन्दगानी भी हमसे ऊब गयी
जी हमारा भी भर गया साहब

दिल कहाँ बहला है बहलाने से भी

दिल कहाँ बहला है बहलाने से भी
तशना ही लौटा है मयख़ाने से भी

मेरे जीने से हुआ कुछ भी कहाँ
कुछ न होगा मेरे मर जाने से भी

दिल की फ़ितरत है जुनूँ-दीवानगी
कुछ न समझेगा ये समझाने से भी

कब रूका है गुलसिताँ का कारोबार
चन्द-इक फूलों के मुरझाने से भी

ज़िन्दगी डोरी है इक उलझी हुई
कब सुलझती है ये सुलझाने से भी

घर में रह कर घर से इक दूरी भी है
एक क़ुर्बत-सी है वीराने से भी

चन्द सन्नाटों की गूँजों के सिवा
क्या मिलेगा दिल के तहख़ाने से भी

वो जो मरकज़ थे हक़ीक़त के कभी
हो गये ग़ायब वो अफ़साने से भी

अब कुआँ भरता नहीं लेकिन, कभी
पेट भर जाता था इक दाने से भी

मौत रस्ता है या मंज़िल इश्क़ की
पूछ कर देखो ये परवाने से भी

शुक्रिया यारब कि सच्ची शाइरी
हो गयी मुझ जैसे दीवाने से भी

मसअला होने न होने का रहा

मसअला होने न होने का रहा
खो के पाने, पा के खोने का रहा

सज न पाया सोने और चाँदी से मैं
ग़म ये मिट्टी के खिलौने का रहा

इक हँसी की आरज़ू में उम्र भर
सिलसिला आँसू पिरोने का रहा

जी लिये मर-मर के हम तो ये कमाल
ज़िन्दगी के जादू-टोने का रहा

उम्र गुज़री काटते ग़म की फ़सल
मसअला ख़ुशियों के बोने का रहा

ज़िन्दगी गुज़री कुछ इस रफ़्तार से
वक़्त ही कब रोने-धोने का रहा

टूटना लाज़िम था फिर भी उम्र भर
मशग़ला सपने संजोने का रहा

ऐ ज़िन्दगी तेरी धड़कनों का भी तारा कोई छिड़ा तो होगा

ऐ ज़िन्दगी तेरी धड़कनों का भी तारा कोई छिड़ा तो होगा
ख़ुशी हुई है मुझे भी मिल कर तुझे भी अच्छा लगा तो होगा

है शुक्र अब तक बचे हुए हो मगर कहाँ तक बचे रहोगे
ये ज़िन्दगानी की रहगुज़र है कभी कोई हादसा तो होगा

बना-बना के मिटा रहा है, मिटा-मिटा के बना रहा है
किया है जारी जो खेल उसने कुछ उसका मक़सद रहा तो होगा

हुई है मुद्दत बिछड़ के उससे मगर न बिछड़ा ख़याल उसका
मैं सोचता हूँ उसे बराबर मुझे भी वो सोचता तो होगा

तेरे लिये रास्ता है जीना कि तेरी मंज़िल है ज़िन्दगानी
अगर तू ज़िन्दा है इस जहाँ में तेरा कोई फ़लसफ़ा तो होगा

ये जो समन्दर है ज़िन्दगी का किनारे बैठे न पार होगा
डराएँगी शोर करती मौजें भँवर का भी सामना तो होगा

थमा के मुझको ये कोरा काग़ज़ ख़ामोश क्यूँ है ऐ मेरे क़ासिद
थमा के उसने ये कोरा काग़ज़ निगाह से कुछ कहा तो होगा

जो टूटे इक बार डालियों से हवाओं के हो गये हवाले
न लौट पायेंगे टूटे पत्ते, दरख़्त फिर से हरा तो होगा

निजात इन्साँ को फ़ैसलों से न मिल सकी है, न मिल सकेगी
ख़िलाफ़ या तेरे अपने हक़ में तेरा कोई फ़ैसला तो होगा

दुनिया में कब किसी को किसी का ख़याल है

दुनिया में कब किसी को किसी का ख़याल है
हर इक के साथ अपना ही कोई मलाल है

मैं जानता हूँ मात से बचना मुहाल है
चल भी दे अब ऐ ज़िन्दगी! जो तेरी चाल है

उसने जहाँ बनाया ये उसका कमाल था
जीते हैं हम यहाँ ये हमारा कमाल है

कल चाँद भी थकान से बोझल लगा हमें
सूरज भी आज हद से ज़ियादा निढाल है

सबकी हथेलियों पे है क़िस्मत लिखी हुई
अपनी हथेलियों पे लकीरों का जाल है

घर से निकले थे हौसला करके

घर से निकले थे हौसला करके
लौट आये ख़ुदा-ख़ुदा करके

दर्दे-दिल पाओगे वफ़ा करके
हमने देखा है तजरुबा करके

ज़िन्दगी तो कभी नहीं आयी
मौत आयी ज़रा-ज़रा करके

लोग सुनते रहे दिमाग़ की बात
हम चले दिल को रहनुमा करके

किसने पाया सुकून दुनिया में
ज़िन्दगानी का सामना करके

ग़म चले आते हैं कहीं से भी

ग़म चले आते हैं कहीं से भी
आसमानों से भी ज़मीं से भी

अब भरोसा नहीं भरोसे पर
अब यक़ीं उठ गया यक़ीं से भी

बेनक़ाब उसका भी हुआ चेहरा
कुछ गिरा मेरी आस्तीं से भी

जिस्म का ये मकान कितने दिन
पूछ कर देखिये मकीं से भी

मिट गयीं हाथ की भी रेखाएँ
और लकीरें मिटीं जबीं की भी

निकले अपने तमाम ख़्वाब ग़लत

निकले अपने तमाम ख़्वाब ग़लत
ज़िन्दगी का हुआ हिसाब ग़लत

जो भी नाकाम हैं ज़माने में
उनके लगते हैं कामयाब ग़लत

ठीक अब वो है जो दिमाग़ कहे
दिल में रक्खी हुई किताब ग़लत

इतने मुश्किल थे ज़िन्दगी के सवाल
लब पे आये सभी जवाब ग़लत

फिर ज़माना वहीं पे लौट आया
हो गये सारे इन्क़लाब ग़लत

रंग मौसम का हरा था पहले

रंग मौसम का हरा था पहले
पेड़ ये कितना घना था पहले

मैंने तो बाद में तोड़ा था उसे
आईना मुझ पे हँसा था पहले

जो नया है वो पुराना होगा
जो पुराना है नया था पहले

कभी बसते थे ज़मीं पर इन्साँ
आसमानों पे ख़ुदा था पहले

बाद में मैंने बुलन्दी को छुआ
अपनी नज़रों से गिरा था पहले

हर किसी की ज़ुबान पर मैं हूँ

हर किसी की ज़ुबान पर मैं हूँ
सातवें आसमान पर मैं हूँ

रह गये सारे आसमाँ पीछे
इतनी ऊँची उड़ान पर मैं हूँ

कुछ शिकारी हैं मुन्तज़िर मेरे
और अपनी मचान पर मैं हूँ

ज़िन्दगी! देख ले उदासी की
आख़िरी पायदान पर मैं हूँ

आप तो ख़त्म कर चुके थे मुझे
क्या करूँ मेहरबान! पर "मैं" हूँ

पीछा करता है जिस पर आईना
उम्र की उस ढलान पर मैं हूँ

दरवाज़े के अन्दर इक दरवाज़ा और

दरवाज़े के अन्दर इक दरवाज़ा और
छुपा हुआ है मुझमें जाने क्या-क्या और

कोई अन्त नहीं मन के सूनेपन का
सन्नाटे के पार है इक सन्नाटा और

कभी तो लगता है जितना है काफ़ी है
और कभी लगता है और ज़रा-सा और

सच कहने पर खुश होना तो दूर रहा
किया ज़माने ने मुझको शर्मिन्दा और

अजब मुसाफ़िर हूँ मैं मेरा सफ़र अजब
मेरी मंज़िल और है मेरा रास्ता और

औरों जैसे और न जाने कितने हैं
कोई कहाँ है लेकिन मेरे जैसा और

गिरते-गिरते एक दिन आख़िर सँभलना आ गया

गिरते-गिरते एक दिन आख़िर सँभलना आ गया
ज़िन्दगी को वक़्त की रस्सी पे चलना आ गया

हो गये हैं हम भी दुनियादार यानी हमको भी
बात को बातों-ही-बातों में बदलना आ गया

बुझके रह जाते हैं तूफ़ाँ उस दिये के सामने
जिस दिये को तेज़ तूफ़ानों में जलना आ गया

जमअ अब होती नहीं दिल में ग़मों की बदलियाँ
क़तरा-क़तरा अब उन्हें अश्कों में ढलना आ गया

दिल खिलौनों से बहलता ही नहीं जबसे उसे
चाँद-तारों के लिए रोना-मचलना आ गया

रहके भी सबके सामने हाज़िर नहीं हूँ मैं

रहके भी सबके सामने हाज़िर नहीं हूँ मैं
दरअसल मैं वो हूँ जो बज़ाहिर नहीं हूँ मैं

मुझसे ये कह चुकी है कई बार ज़िन्दगी
मेरे लिये है तू तेरी ख़ातिर नहीं हूँ मैं

ये और बात है कि जुदा है मेरी नमाज़
अल्लाह जानता है कि काफ़िर नहीं हूँ मैं

होटों पे आ ही जाती है हर बार क्या करूँ
सच्चाई को छुपाने में माहिर नहीं हूँ मैं

मंज़िल मेरी अलग है मेरा रास्ता अलग
इक आम से सफ़र का मुसाफ़िर नहीं हूँ मैं

यूँ तो बख़्शी ज़िन्दगानी ने बहुत इज़्ज़त मुझे

यूँ तो बख़्शी ज़िन्दगानी ने बहुत इज़्ज़त मुझे
उम्र भर लेकिन न मिल पायी मेरी क़ीमत मुझे

नाम इज़्ज़तदार लोगों में जब आता है मेरा
होने लगती है ख़ुद अपने आपसे नफ़रत मुझे

ऐ ख़ुशी! मैं जानता हूँ तू है सोने का हिरन
तेरे पीछे लेके आयी है मेरी क़िस्मत मुझे

पहले छोटी-छोटी बातों पर भी चौंक उठता था मैं
अब किसी भी बात पर होती नहीं हैरत मुझे

हाल अपना देख कर दुख तो मुझे भी है मगर
क्या करूँ सच बोलने की पड़ गयी है लत मुझे

इक बुरे सपने में देखा था जिसे मैंने कभी
आईने में कल नज़र आयी वही सूरत मुझे

मैंने कल इक बार फिर गिरना गवारा कर लिया
रोकती ही रह गयी इक बार फिर ग़ैरत मुझे

मुश्किलें बाहर की घर की मुश्किलें

मुश्किलें बाहर की घर की मुश्किलें
एक मैं और दुनिया भर की मुश्किलें

ऐ ख़ुदा! बढ़ती रहेगी कब तलक
इस हयाते-मुख़्तसर की मुश्किलें

तू है संगे-मील तुझको क्या पता
इक मुसाफ़िर के सफ़र की मुश्किलें

डाल देते हैं बड़ी ख़ूबी से लोग
मेरे सर पर अपने सर की मुश्किलें

ये जो शे'र आसान लगते हैं मेरे
मुझसे पूछो इस हुनर की मुश्किलें

एक दुनिया में हूँ मैं और एक दुनिया मुझमें है

एक दुनिया में हूँ मैं और एक दुनिया मुझमें है
यानी इक दरिया में हूँ और एक दरिया मुझमें है

मैं ही अपने आप का दुश्मन हूँ मैं ही दोस्त भी
मेरा क़ातिल मुझमें है मेरा मसीहा मुझमें है

जुस्तजू में उसकी मैं भटकूँ भला क्यूँ दर-ब-दर
जब मेरी मंज़िल है मुझमें मेरा रस्ता मुझमें है

ज़िन्दगी मेरी है लेकिन इस पे हक़ औरों का है
क्या बताऊँ आपको किस-किसका हिस्सा मुझमें है

सोचता कुछ हूँ मैं लेकिन मुझसे हो जाता है कुछ
हर क़दम पर कुछ-न-कुछ उलझा हुआ-सा मुझमें है

थोड़ा हिन्दू तू भी है थोड़ा मुसलमाँ मैं भी हूँ

थोड़ा हिन्दू तू भी है थोड़ा मुसलमाँ मैं भी हूँ
यानी इक इन्साँ है तू भी एक इन्साँ मैं भी हूँ

याद करके अपनी वो बरसो पुरानी दुश्मनी
जितना शर्मिन्दा है तू उतना पशेमाँ मैं भी हूँ

उम्र भर औरों पे हँसना ही था मेरा मशग़ला
क्या पता था औरों के हँसने का सामाँ मैं भी हूँ

इक तू ही हैराँ-परेशाँ मेरी बातों से नहीं
अपनी इन बातों से ख़ुद हैराँ-परेशाँ मैं भी हूँ

इक नज़र तो इस तरफ़ भी देख ले ऐ ज़िन्दगी
मैं भी दीवाना हूँ तेरा तुझ पे क़ुर्बां मैं भी हूँ

तू मजबूरी है सबकी तेरी हसरत कौन करता है

तू मजबूरी है सबकी तेरी हसरत कौन करता है
जहाँ में ज़िन्दगी तुझसे मुहब्बत कौन करता है

नये लोगों की दुनिया के नये आदाब हैं सारे
ज़माने में बुज़ुर्गों की अब इ़ज़्ज़त कौन करता है

जिसे भी देखिये नाराज़ है इस दौरे-हाज़िर से
मगर इस दौरे-हाज़िर से बग़ावत कौन करता है

बना लेते हैं अपनी-अपनी जन्नत को सभी दोज़ख़
मगर दोज़ख़ से पैदा अपनी जन्नत कौन करता है

कोई दैरो-हरम में जाये या बाहर रहे उनसे
उसे मालूम है उसकी इबादत कौन करता है

ख़ुदा का घर बचाने के लिए लड़ते हैं सब लेकिन
जो घर बन्दों के हैं उनकी हिफ़ाज़त कौन करता है

हुकूमत हम पे करते हैं हमारे हुक्मराँ लेकिन
हमारे हुक्मरानों पर हुकूमत कौन करता है

झलक उम्मीद की दिखला के कर देता है नाउम्मीद
न जाने रोज़ हमसे ये शरारत कौन करता है

बहुत मुश्किल नहीं है आईने के सामने जाना
पर उसका सामना करने की हिम्मत कौन करता है

बिछाता कौन है राहों में काँटों की ये क़ालीनें
हमें मालूम है हम पर इनायत कौन करता है

मुद्दत से मैं सोच रहा हूँ ये जो है घर किसका है

मुद्दत से मैं सोच रहा हूँ ये जो है घर किसका है
बाहर तो है नाम मेरा ही लेकिन अन्दर किसका है

कभी-कभी पहचान नहीं पाता मैं अपने आपको भी
सोच में पड़ जाता हूँ मेरी गरदन पर सर किसका है

कौन फ़रिश्ता है देखें तो पत्थर मारने वालों में
देखें हम पर पड़ने वाला पहला पत्थर किसका है

देखा अपने आपको हमने औरों के आईने में
हमसे बेहतर हाल है किसका हमसे बदतर किसका है

होना था बरबाद हुआ तू लुटना था तू लुट भी चुका
अब तो धड़क आराम से ऐ दिल, अब तुझको डर किसका है

उजाला गर न हो जलने से बुझने पर धुआँ क्यूँ हो

उजाला गर न हो जलने से बुझने पर धुआँ क्यूँ हो
हमारी ज़िन्दगी पर ज़िन्दगानी का गुमाँ क्यूँ हो

न बरसे जब तेरे बादल मेरी प्यासी ज़मीनों पर
तो तेरी बिजलियों की ज़द पे मेरा आशियाँ क्यूँ हो

कली चटकी, न गुल महके न चहकी बाग़ में बुलबुल
बहारें जिसकी ऐसी हों उसे ख़ौफ़े-ख़िज़ाँ क्यूँ हो

तुम्हारी रहबरी ही राह भटकाने को काफ़ी है
"हुए तुम दोस्त जिसके दुश्मन उसका आसमाँ क्यूँ हो"

चलो दैरो-हरम के खेल को हम ख़त्म कर डालें
ये इक दीवार-सी अपने दिलों के दरमियाँ क्यूँ हो

कभी तो कोई सच का साथ देने सामने आये
हर इक सच के लिए मुजरिम हमारी ही ज़ुबाँ क्यूँ हो

कब आयेगी वो दूसरी दुनिया मेरे आगे

कब आयेगी वो दूसरी दुनिया मेरे आगे
खोलेगा फ़लक कब ये दरीचा मेरे आगे

मंज़िल का निशाँ है न कोई मील का पत्थर
है दूर तलक रस्ता-ही-रस्ता मेरे आगे

मंज़िल पे पहुँच के वो सदा देते हैं मुझको
सीखा था जिन्होंने कभी चलना मेरे आगे

होता है कभी मेरा जनम सामने मेरे
उठता है कभी मेरा जनाज़ा मेरे आगे

हर लम्हा बदलता है नया रंग ज़माना
"होता है शबो-रोज़ तमाशा मेरे आगे"

जब अपने गुनाहों का ख़याल आता है मुझको
लगता है हर इक शख़्स फ़रिश्ता मेरे आगे

कुछ देर तो हँस लेने दे ऐ ज़िन्दगी मुझको
अब छोड़ भी ये रोज़ का रोना मेरे आगे

ख़ुश कभी, कभी गुमसुम और कभी ख़फ़ा पाया

ख़ुश कभी, कभी गुमसुम और कभी ख़फ़ा पाया
ज़िन्दगी तुझे हमने हर दफ़ा जुदा पाया

सुख न मिल सके शायद, दुख ज़रूर मिलता है
दुख से बच निकलने का किसने रास्ता पाया

तर्क वो तअल्लुक़ तो कब का हो चुका लेकिन
है उसे भी याद अब तक मैं भी कब भुला पाया

मुश्किलें न थीं जब तक हम भी डरते रहते थे
मुश्किलों के मिलते ही हमने हौसला पाया

ज़िन्दगी! मिले मुझको बेशुमार ग़म तुझसे
अब ज़रा बता तू भी तूने मुझसे क्या पाया

उसने तो सबको दिया आईना

उसने तो सबको दिया आईना
काम में किसने लिया आईना

हमने शैताँ पे उठा कर पत्थर
मुफ़्त में तोड़ लिया आईना

बस ज़रा धूल जमी है उस पर
वरना साबुत है मेरा आईना

क्या उठाता वो किसी पर पत्थर
सामने जिसके रहा आईना

हम बुरे लगते हैं आईने को
हम को लगता है बुरा आईना

आप अपने को बदलने के बजाय
लोग ले आये नया आईना

किसी भी दिन धमाके से बिखर जायेगी ये दुनिया

किसी भी दिन धमाके से बिखर जायेगी ये दुनिया
बड़ी सी क़ब्र में ज़िन्दा उतर जायेगी ये दुनिया

जहन्नुम तक तो आ पहुँची है चलते-चलते जन्नत से
अब इसके आगे क्या जाने किधर जायेगी ये दुनिया

चली है पहले भी पैग़म्बरों के रास्तों पर कब
यूँ ही आगे भी अपनी ही डगर जायेगी ये दुनिया

नहीं है उसकी नादानी की कोई इन्तहा शायद
जिसे उम्मीद है इक दिन सुधर जायेगी ये दुनिया

मगर से दुश्मनी रखते हुए पानी में रहना है

मगर से दुश्मनी रखते हुए पानी में रहना है
मुझे मालूम है मुझको परेशानी में रहना है

क़फ़स से अपनी आज़ादी पे क्या ख़ुशियाँ मनाऊँ मैं
मुझे बाहर भी सय्यादों की निगरानी में रहना है

हिक़ारत-ही-हिक़ारत पायी है मैंने जिन आँखों में
मुझे इक रोज़ उन आँखों की हैरानी में रहना है

रहूँ मैं दश्त में या शहर में, क्या फ़र्क़ पड़ता है
मुझे तो उम्र भर अपनी ही वीरानी में रहना है

बहुत आसान है हर बात को मुश्किल बना देना
बहुत मुश्किल मगर लहजे की आसानी में रहना है

आज और कल के परे भी कुछ है

आज और कल के परे भी कुछ है
आख़िरी पल के परे भी कुछ हैं

सुख के आगे है दुखों का जंगल
दुख के जंगल के परे भी कुछ है

ये जो जीवन की नदी है इसमें
देखिये जल के परे भी कुछ है

फल की आशा तो बुरी बात नहीं
हाँ मगर फल के परे भी कुछ है

दिल ये कहता है कि इस दुनिया की
सारी हलचल के परे भी कुछ है

मुझमें मिट्टी भी है सोना भी है

मुझमें मिट्टी भी है सोना भी है
मेरे होने में न होना भी है

इतना ख़ुश भी न हो पा कर दुनिया
इस जहाँ को यहीं खोना भी है

ज़िन्दगी सेज भी है फूलों की
और काँटों का बिछौना भी है

पार दरिया के उतरने के लिए
अपनी कश्ती को डुबोना भी है

चाँद से खेलने वाला इन्साँ
ख़ुद सितारों का खिलौना भी है

तबस्सुम में ही पोशीदा कहीं आँसू भी होता है

तबस्सुम में ही पोशीदा कहीं आँसू भी होता है
हर इक तस्वीर का इक दूसरा पहलू भी होता है

अजब है दिल हमारा सब्र भी करता है हर ग़म में
ख़ुशी की इक झलक पाते ही बेक़ाबू भी होता है

निराले खेल हैं उसके वजूद उसका निराला है
दिखायी भी नहीं देता मगर हरसू भी होता है

किसी डाली पे गुमसुम देख कर तनहा परिन्दे को
परेशाँ जिस क़दर होता हूँ मैं क्या तू भी होता है

चमन में फूल का बस जिस्म ले कर जी रहे हैं हम
वगरना गुल का मतलब रंग और ख़ुशबू भी होता है

जुदा इक पल भी तुझसे हो नहीं पाता, जहाँ जाऊँ
तेरी यादें भी होती हैं तेरा जादू भी होता है

खेल ये क्या है कुछ पाने कुछ खोने का

खेल ये क्या है कुछ पाने कुछ खोने का
आख़िर मतलब क्या है अपने होने का

तूने भी क्या सोच के रखा है यारब
मिट्टी के पिंजरे में पँछी सोने का

कुछ पाने के साथ ही अक्सर इस दिल को
होता है अहसास कहीं कुछ खोने का

उसकी राह में फूल बिछाए दुनिया ने
काम किया है जिसने काँटे बोने का

जो मिल गया उसे तक़दीर का लिखा कहिये

जो मिल गया उसे तक़दीर का लिखा कहिये
जो खो गया उसे क़िस्मत का फ़ैसला कहिये

हमें तो ज़िन्दगी यूँ भी न रास आनी थी
हमारी छोड़िये आप अपना तजरुबा कहिये

अजीब ढंग से पेश आ रहा है हर कोई
किसे अब आशना किसको नाआशना कहिये

हमारे जी में जो आया वही किया हमने
अब आप पर है जो चाहें भला-बुरा कहिये

वो बनके बुत कहीं बैठा है आसमानों में
सितम ये उस पे कि फिर भी उसे ख़ुदा कहिये

जो बात दिल में है उसके वही जुबाँ पर भी
अब ऐसे शख़्स को पागल नहीं तो क्या कहिये

रेत की तरह लम्हे फिसलते रहे

रेत की तरह लम्हे फिसलते रहे
हम यूँ ही उम्र भर हाथ मलते रहे

हम भी लोगों से घुल-मिल न पाये कभी
लोग भी हमसे बच कर निकलते रहे

मन के जंगल में अक्सर सुनहरे हिरन
इक झलक अपनी दिखला के छलते रहे

गुड्डे-गुड़ियों से बारूद के ढेर तक
आदमी के खिलौने बदलते रहे

इस बहाने कभी उस बहाने कभी
फ़ैसले ज़िन्दगानी के टलते रहे

वो जो काले बादलों का कारवाँ है

वो जो काले बादलों का कारवाँ है
मेरे ख़्वाबों की चिताओं का धुआँ है

पाँव के नीचे ज़मीं खिसकी हुई है
और सर पर टूटने को आसमाँ है

बोलना सीखा है जबसे धड़कनों ने
सिर्फ़ सन्नाटा हमारे दरमियाँ है

फूँक कर मैं सारी बस्ती को जुनूँ में
पूछता फिरता हूँ मेरा घर कहाँ है

नित नये ग़म से नवाज़ा जा रहा हूँ
कोई मेरी शाइरी पर मेहरबाँ है

कुछ समझ आता नहीं क्या बक रहा हूँ
मेरे मुँह में जाने ये किसकी ज़ुबाँ है

झूठी-सच्ची कहानी में उलझे रहे

झूठी-सच्ची कहानी में उलझे रहे
उनकी जादू बयानी में उलझे रहे

लोग बेफ़िक्र जीते रहे और हम
ज़िन्दगी के मआनी में उलझे रहे

जानते थे कि दुनिया है फ़ानी, मगर
फिर भी दुनिया-ए-फ़ानी में उलझे रहे

सब किनारे-किनारे रहे तैरते
बस हमीं गहरे पानी में उलझे रहे

मुस्कुराने का मौक़ा मिला ही नहीं
आँसुओं की रवानी में उलझे रहे

अब ये लगता है इक उम्र जीने के बाद
हम भी क्या ज़िन्दगानी में उलझे रहे

हक़ीक़तों को फसाना समझ के छोड़ दिया

हक़ीक़तों को फसाना समझ के छोड़ दिया
नये दुखों को पुराना समझ के छोड़ दिया

न जाने मौत ने बख़्शा है अब तलक हमको
या ज़िन्दगी का निशाना समझ के छोड़ दिया

खुशी ने दूर से देखा तो था मेरा घर भी
मगर ग़मों का ठिकाना समझ के छोड़ दिया

थी जानलेवा तेरी बेरूख़ी मगर हमने
उसे भी रस्मे-ज़माना समझ के छोड़ दिया

जहाँ को छोड़ दिया हमने जान कर पागल
जहाँ ने हमको दीवाना समझ के छोड़ दिया

दिल की रफ़्तार से ये पांव नहीं चलते हैं

दिल की रफ़्तार से ये पाँव नहीं चलते हैं
हम उठाये हुए काँधों पे ज़मीं चलते हैं

इस जहाँ में तो गुज़ारे हैं जनम हमने कई
आइये दूसरी दुनिया में कहीं चलते हैं

ढूँढ के देखते हैं दूर कहीं माज़ी में
खुद से जिस मोड़ पे बिछड़े थे वहीं चलते हैं

रास्ते होते हैं आसान उन्हीं लोगों के
ले के सीने में जो मंज़िल का यकीं चलते हैं

पीढ़ियों का ये सफ़र रहता है यूँ ही जारी
अपनी औलाद के क़दमों से हमीं चलते हैं

ख़ुश हूँ तूफ़ाँ में भँवर में ख़ुश हूँ

ख़ुश हूँ तूफ़ाँ में भँवर में ख़ुश हूँ
मैं समुन्दर के सफ़र में ख़ुश हूँ

तू तेरे लालो-गुहर में ख़ुश रह
मैं मेरे इल्मो-हुनर में ख़ुश हूँ

इक फ़क़त आईने को छोड़ के मैं
सारी दुनिया की नज़र में ख़ुश हूँ

मंज़िलें पाके भी बेचैन है वो
और मैं राहगुज़र में ख़ुश हूँ

घर से निकला था ख़ुशी ढूँढ़ने मैं
और अब लौट के घर में ख़ुश हूँ

इक उदासी है कि जाती ही नहीं
घर में ख़ुश हूँ न सफ़र मैं ख़ुश हूँ

काम बन-बन के अपने बिगड़ते रहे

काम बन-बन के अपने बिगड़ते रहे
उम्र भर हम मुक़द्दर से लड़ते रहे

निभ गयी बाक़ी सबसे तो अपनी मगर
आईने से मुसलसल झगड़ते रहे

रुत कोई हो मेरे दिल के आकाश पर
ग़म के बादल उमड़ते-घुमड़ते रहे

उम्र भर हाथ आयी नहीं ज़िन्दगी
उसकी परछाइयों को पकड़ते रहे

कोई ख़िदमत में हाज़िर हुआ ही नहीं
हम चिराग़ अपना हर पल रगड़ते रहे

इन ताज़ा आँसुओं की रफ़्तार कुछ अलग है

इन ताज़ा आँसुओं की रफ़्तार कुछ अलग है
अब के बरस ग़मों की बौछार कुछ अलग है

कैसे करें भरोसा आख़िर उस आईने पर
जिसमें हमारा चेहरा हर बार कुछ अलग है

ख़ुशियाँ तो बन के मेहमाँ आयीं भी और गयीं भी
लेकिन हमारे ग़म का किरदार कुछ अलग है

अपनी जगह बजा हैं पूजा-नमाज़, लेकिन
दिल ही में गर जो देखो दीदार कुछ अलग है

ला-ला के दे चुके हैं हम अनगिनत खिलौने
दिल का मगर तक़ाज़ा हर बार कुछ अलग है

पहले भी रह चुके हैं ज़िन्दाँ में ख़्वाहिशों के
इस बार बेड़ियों की झनकार कुछ अलग है

गुमानों के पीछे गुमाँ और भी हैं

गुमानों के पीछे गुमाँ और भी हैं
मेरे ज़ेहन में गुत्थियाँ और भी हैं

ज़मीं के सिवा बस्तियाँ और भी हैं
"सितारों के आगे जहाँ और भी हैं"

धुएँ से न गिनिये सुलगते घरों को
ख़मोशी से जलते मकाँ और भी हैं

अभी तो बहुत-सी उड़ानें हैं बाक़ी
मेरे मुन्तज़िर आसमाँ और भी हैं

न ढूँढों उसे सिर्फ़ दैरो-हरम में
कि आलम में उसके निशाँ और भी हैं

मेरे ही मुकद्दर में सारे भँवर क्यूँ
समुन्दर में जब कश्तियाँ और भी हैं

बता दे कोई मेह्रबाँ बिजलियों को
चमन और भी आशियाँ और भी हैं

सबब सबके जीने के हैं एक जैसे
मगर मेरी मजबूरियाँ और भी हैं

अकेले नहीं हो तुम अपनी मुहिम में
हवा में तनी मुट्ठियाँ और भी हैं

हमारे जैसों का इस जहाँ में क़याम क्या ख़ुशगवार होगा

हमारे जैसों का इस जहाँ में क़याम क्या ख़ुशगवार होगा
न तो मकीनों में होगी गिनती न बेघरों में शुमार होगा

समझ के हाथों का मैल जिसको कभी तवज्जो नहीं दी हमने
किसे ख़बर थी कि ज़िन्दगी का उसी पे दारोमदार होगा

ये जो है दुनिया कब इक जनम में समझ में आती है हर किसी को
जनम-जनम तक हमारे आगे तमाशा ये बार-बार होगा

यही तक़ाज़ा है ज़िन्दगी का यही रिवायत है इस जहाँ की
है छोटी मछली का जो शिकारी वो खुद बड़ी का शिकार होगा

किसे पता था कि ज़िन्दगी का सफ़र कटेगा कुछ इस तरह से
ख़याल में होंगी मंज़िलें और नज़र में गर्दो-गुबार होगा

ज़िन्दगी भर की कमाई सारी दौलत छीन ली

ज़िन्दगी भर की कमाई सारी दौलत छीन ली
चार पैसे देके उसने मेरी ग़ैरत छीन ली

डाल कर मुझको क़फ़स में पहले छीना आसमाँ
फिर मेरे सय्याद ने उड़ने की आदत छीन ली

हौसला तो मुझमें सच सुनने का अब भी है मगर
मस्लहत ने सच को सच कहने की हिम्मत छीन ली

खोल डाले वक़्त से पहले ही दुनिया के तिलिस्म
आज के इस दौर ने बच्चों से हैरत छीन ली

हर नये दिन इक नयी शय की ज़रूरत बढ़ गयी

हर नये दिन इक नयी शय की ज़रूरत बढ़ गयी
किस क़दर बाज़ार की हम पर हुकूमत बढ़ गयी

हो रही हैं साज़िशें पुरज़ोर फिर मेरे ख़िलाफ़
दोस्तों के दरमियाँ अब मेरी क़ीमत बढ़ गयी

बोलना तो पहले भी कम-कम ही था अपना मगर
इन दिनों बस यूँ ही चुप रहने की आदत बढ़ गयी

जानता था ज़िन्दगी से दोस्ती मुमकिन नहीं
मैंने फिर भी कोशिशें की और अदावत बढ़ गयी

खो दिया कुछ इश्क़ में, कुछ शाइरी में पा लिया
थोड़े से रूसवा हुए थोड़ी से इज़्ज़त बढ़ गयी

मेरी ख़ामोशी का हर मतलब उसे मालूम है

मेरी ख़ामोशी का हर मतलब उसे मालूम है
कब कहाँ खुलते हैं मेरे लब उसे मालूम है

मैं भला दैरो-हरम के दायरों में क्यूँ रहूँ
मेरी पूजा और मेरा मज़हब उसे मालूम है

जानता है वो ही जाना है यहाँ से कब हमें
और यहाँ फिर लौटना है कब उसे मालूम है

क्यूँ किसी दिन आसमाँ से वो उतर आता नहीं
इस ज़मीं का हाल सारा जब उसे मालूम है

कब बने थे चाँद-सूरज, तारे, धरती-आसमाँ
और कब मिट जायेंगे ये सब उसे मालूम है

सुबह के ग़म कुछ अलग हैं शाम के ग़म कुछ अलग

सुबह के ग़म कुछ अलग हैं शाम के ग़म कुछ अलग
ग़म अलग आग़ाज़ के अंजाम के ग़म कुछ अलग

यूँ तो बख़्शें हैं ख़ुदा ने ग़म सभी को कुछ-न-कुछ
पर किये तख़लीक़ मेरे नाम के ग़म कुछ अलग

रोज़ के ग़म रोज़ की ख़ुशियाँ भला किस काम की
काम की ख़ुशियाँ अलग हैं काम के ग़म कुछ अलग

हाथ रख के दिल पे थोड़ी देर सोचो फिर कहो
हैं अलग रहमान के ग़म, राम के ग़म कुछ अलग

हर क़दम की मुश्किलों का कुछ अलग ही लुत्फ़ था
और मज़ा देते रहे हर गाम के ग़म कुछ अलग

है हवस का ये तक़ाज़ा कि मैं अन्धा हो जाऊँ

है हवस का ये तक़ाज़ा कि मैं अन्धा हो जाऊँ
ज़िन्दगी! तू ही बता ज़ब्त करूँ या हो जाऊँ

तू जिसे भूल न पाये मैं वो रिश्ता हो जाऊँ
ये तमन्ना है मेरी तेरी तमन्ना हो जाऊँ

है ये इम्काँ भी कि रह जाऊँ मैं शैताँ बन कर
ये भी मुमकिन है किसी रोज़ फ़रिश्ता हो जाऊँ

दर्द अब देने लगा काम दवा का, शायद
"जिससे मरता हूँ उसी ज़हर से अच्छा हो जाऊँ"

आईने में नज़र आता नहीं माज़ी मेरा
कल था कुछ, आज हूँ कुछ, जाने मैं कल क्या हो जाऊँ

कैसी उलझन में मुझे डाल रखा है दिल ने
चाहता हूँ कभी ऐसा कभी वैसा हो जाऊँ

एक पहचान अलग-सी है जहाँ में मेरी
मैं भला कैसे किसी भीड़ का हिस्सा हो जाऊँ

ग़म का कारोबार न छूटा

ग़म का कारोबार न छूटा
जीवन भर संसार न छूटा

हम भी गौतम हो सकते थे
पर हमसे घर-बार न छूटा

कौन है ऐसा जिसका जहाँ में
कोई कहीं उस पार न छूटा

अम्न की ख़्वाहिश थी सीने में
हाथ से पर हथियार न छूटा

छूट गया सब काम का लेकिन
जो कुछ था बेकार न छूटा

जो इक बार हुआ दरबारी
उससे फिर दरबार न छूटा

छोड़ दिया बाज़ार ने हमको
पर हमसे बाज़ार न छूटा

धुआँ होता हुआ सारा नगर कुछ और कहता है

धुआँ होता हुआ सारा नगर कुछ और कहता है
बयाँ बेफ़िक्र हाकिम का मगर कुछ और कहता है

है दावा बस्तियों में लोग सब मेहफ़ूज़ हैं लेकिन
हर एक आहट पे उन आँखों का डर कुछ और कहता है

दिलों के दरमियाँ की दूरियाँ ही उसकी पूँजी है
इधर कुछ और कहता है उधर कुछ और कहता है

तो क्या बढ़ कर हैं ये दैरो-हरम इन्साँ की जाँ से भी
हर इक चेहरा लहू से तर-ब-तर कुछ और कहता है

जो सुनना चाहते हैं शाह कहना है उसे वो ही
अमाँ जाँ की न पायेगा अगर कुछ और कहता है

हमें मालूम है इस राह की मंज़िल नहीं कोई
न जाने क्यूँ मगर ये राहबर कुछ और कहता है

ग़ज़ल की सिन्फ़ कुछ लोगों को लगती है अधूरी-सी
मगर इस सिन्फ़ में मेरा हुनर कुछ और कहता है

हर नदी कुछ दूर जा कर सूख जाती है

हर नदी कुछ दूर जा कर सूख जाती है
ज़िन्दगी कुछ दूर जा कर सूख जाती है

ग़म की फ़ितरत है घना होते चले जाना
पर ख़ुशी कुछ दूर जा कर सूख जाती है

दुश्मनी बढ़ती ही जाती है समय के साथ
दोस्ती कुछ दूर जा कर सूख जाती है

बुझ गये कितने ही सूरज इन अँधेरों में
रोशनी कुछ दूर जा कर सूख जाती है

डूबने लगता है दिन भी दोपहर के बाद
रात भी कुछ दूर जा कर सूख जाती है

तू वक़्त का अपने शुक्र मना इससे भी बुरा हो सकता था

तू वक़्त का अपने शुक्र मना इससे भी बुरा हो सकता था
दुख और बड़े हो सकते थे ग़म और घना हो सकता था

वो दिन भी क्या दिन थे जब हम हक़ रखते थे इक दूजे पर
तू मुझसे ख़फ़ा हो सकता था मैं तुझसे ख़फ़ा हो सकता था

ये मौत ही है जिसने अब तक इन्सान को इन्साँ रक्खा है
गर मौत भी बस में आ जाती इन्सान ख़ुदा हो सकता था

तूने थोड़ी-सी जल्दी की ढल जाने दिया जो अश्कों में
गर ढालता अपनी ग़ज़लों में ये दर्द दवा हो सकता था

अच्छा ही हुआ कल मेहफ़िल में मुझ पर न पड़ी उसकी नज़रें
वरना उसका भी भूला-सा कोई ज़ख़्म हरा हो सकता था

वो तो मैंने हुशियारी से सच को न ज़ुबाँ पर आने दिया
वरना ये ज़ुबाँ कट सकती थी सर तन से जुदा हो सकता था

हूँ मिट्टी के खिलौने के बराबर

हूँ मिट्टी के खिलौने के बराबर
मेरा होना न होने के बराबर

उसे पाने में गर खोया न ख़ुद को
तो पाना भी है खोने के बराबर

जो नींद आ जाये तो काँटों का बिस्तर
है मख़मल के बिछौने के बराबर

न पूछो ज़िन्दगी का बोझ, हमसे
किसी पर्वत को ढोने के बराबर

छुपा लेता हूँ मुस्कानों में आँसू
मेरा हँसना है रोने के बराबर

सिवा धुएं के मिला क्या जहाँ में जल कर भी

सिवा धुएँ के मिला क्या जहाँ में जल कर भी
नुमायाँ ग़म न हुए आँसुओं में ढल कर भी

मेरे नसीब की रेखाएँ पर नहीं बदलीं
मैं थक गया हूँ नजूमी बदल-बदल कर भी

सँभल-सँभल के बहुत चल लिये ज़माने में
ये सोचते हैं कि देखें ज़रा फिसल कर भी

मुझे यक़ीं था कि डसना छुड़ा दिया मैंने
न बदले साँप मगर आस्तीं में पल कर भी

ये क्या कि रोज़ उसी रहगुज़र के राही बनो
कभी तो देखो नये रास्तों पे चल कर भी

एक पल को भी तन्हा नहीं छोड़ते

एक पल को भी तन्हा नहीं छोड़ते
पाप ता उम्र पीछा नहीं छोड़ते

सब-के-सब ज़िन्दगी से परेशान हैं
सब-के-सब फिर भी जीना नहीं छोड़ते

ये हवस के नये-से-नये सिलसिले
आदमी को कहीं का नहीं छोड़ते

क्या करें हमसे ईमाँ नहीं छूटता
छोड़ने वाले क्या-क्या नहीं छोड़ते

छोड़ देती हैं खुशियाँ तो छू कर हमें
ग़म मगर अपना क़ब्ज़ा नहीं छोड़ते

ज़िन्दगानी के इस पैरहन को सभी
जैसा पाया था वैसा नहीं छोड़ते

हम आशिक़ हैं उस दरपन के

हम आशिक़ हैं उस दरपन के
दाग़ छुपाये जो दामन के

सोचता कुछ है करता कुछ है
कितने मालिक हैं इक मन के

उम्र गवाँ दी हमने लेकिन
भेद न खुल पाये जीवन के

बोझ हुए अब तो सपने भी
जैसे बच्चे हों निर्धन के

किसको रोक सकी है धरती
सब हैं राही दूर गगन के

दोस्त लिपटते हैं यूँ हमसे
पेड़ हों जैसे हम चन्दन के

रात है या है कोई तवायफ़
रोज़ निकलती है बन-ठन के

छोड़ो भी महबूब की बातें
शे'र कहो कुछ घर-आँगन के

हर इक रिश्ते से कटता जा रहा हूँ

हर इक रिश्ते से कटता जा रहा हूँ
मैं अपने में सिमटता जा रहा हूँ

खुदा भी सोचता होगा फ़लक पर
मैं किन बन्दों में बँटता जा रहा हूँ

किताबे-ज़िन्दगी पढ़ना है मुश्किल
यूँ ही पन्ने पलटता जा रहा हूँ

पिघलती शमूअ-सी है ज़िन्दगानी
मैं लम्हा-लम्हा घटता जा रहा हूँ

मैं अपनी शाइरी में ज़िन्दगी की
नक़ाबों को उलटता जा रहा हूँ

रूठ कितना ही तुझे मैं तो मनाने से रहा

रूठ कितना ही तुझे मैं तो मनाने से रहा
ज़िन्दगी! अब मैं तेरे नाज़ उठाने से रहा

खोये-खोये रहे ता उम्र जहाँ में हम तो
दिल जगह पर न कभी ज़ेहन ठिकाने से रहा

छोड़ के जाना तेरा काम है तू जायेगी
ज़िन्दगी! मैं तो तुझे छोड़ के जाने से रहा

अपनी राहों पे अकेले ही निकलना है मुझे
ये ज़माना तो मेरा साथ निभाने से रहा

मेरे शे'रों से मुझे जान सको तो जानो
अपने बारे में मैं कुछ और बताने से रहा

सोचता था चार दिन दुनिया में है रहना मुझे

सोचता था चार दिन दुनिया में है रहना मुझे
दर्द लेकिन कितनी सदियों का पड़ा सहना मुझे

ख़्वाब, ख़्वाहिश, आरज़ू, अरमान, चाहत-हसरतें
बेड़ियाँ, ऐ ज़िन्दगी! इतनी भी मत पहना मुझे

क्या बतायें मेहरबाँ है किस क़दर ये ज़िन्दगी,
रोज़ पहनाती है ग़म का इक नया गहना मुझे

जो भी कहना था मेरी ख़ामोशियों ने कह दिया
और अब इससे ज़ियादा कुछ नहीं कहना मुझे

मोड़ना मुमकिन नहीं था वक़्त के दरिया का रुख़
उसकी मर्ज़ी के मुताबिक़ ही पड़ा बहना मुझे

तीर जितने भी कमाँ से आये हैं

तीर जितने भी कमाँ से आये हैं
दोस्तों के दरमियाँ से आये हैं

इस जहाँ में किस जहाँ से आये हैं
कौन हैं हम, क्यूँ कहाँ से आये हैं

दुख ज़ियादातर ज़मीं पर ही उगे
एक-दो ही आसमाँ से आये हैं

जिसके शीशों की हिफ़ाज़त हमने की
हम पे पत्थर उस मकाँ से आये हैं

क़ातिलों को सबने देखा था मगर
नाम बस मेरी ज़ुबाँ से आये हैं

इक नयी ही दास्ताँ जीने को हम
इक पुरानी दास्ताँ से आये हैं

आसमाँ के नहीं इस ज़मीं के नहीं

आसमाँ के नहीं इस ज़मीं के नहीं
दोनों दुनियाओं में हम कहीं के नहीं

इनके डसने का अन्दाज़ है कुछ अलग
साँप ये तो मेरे आस्तीं के नहीं

मेरे शे'रों में हैं वक़्त की तल्ख़ियाँ
ये क़सीदे किसी नाज़नीं के नहीं

कुछ गुमाँ दूर तो हो गये हैं मगर
दिल के हालात अब भी यक़ीं के नहीं

आपकी दाद और मेरे अशआर पर
रंग ये तो किसी नुक्ताचीं के नहीं

गुहर कुछ कम समुन्दर में नहीं थे

गुहर कुछ कम समुन्दर में नहीं थे
मगर अपने मुक़द्दर में नहीं थे

सुना है कल ख़ुशी आयी थी मिलने
मगर अफ़सोस! हम घर में नहीं थे

वो छोटी-छोटी ख़ुशियाँ पा गये, जो
बड़ी ख़ुशियों के चक्कर में नहीं थे

कभी सर ढाँपने का मसअला था
कभी ये पाँव चादर में नहीं थे

नज़र आता था मैं दीवाना जितना
जुनूँ उतने मेरे सर में नहीं थे

अम्बर ऊपर अम्बर कितने

अम्बर ऊपर अम्बर कितने
दरिया बीच समन्दर कितने

कल के रावन के तो दस थे
आज के रावन के सर कितने

फेर में हीरों के हमने भी
जोड़ लिये हैं कंकर कितने

एक ख़ुदा के घर की ख़ातिर
लोग हुए हैं बेघर कितने

दाग़ गिनाता है आईना
अन्दर कितने बाहर कितने

समय के साथ ज़माने बदलते रहते हैं

समय के साथ ज़माने बदलते रहते हैं
सितारे अपने ठिकाने बदलते रहते हैं

हक़ीक़तों-की-हक़ीक़त नहीं बदलती कभी
हक़ीक़तों के फ़साने बदलते रहते हैं

हमारी रूह कभी भी फ़ना नहीं होती
हमारी रूह के बाने बदलते रहते हैं

उतर के देख मिलेंगे नये गुहर हर बार
समुन्दरों के ख़ज़ाने बदलते रहते हैं

जुनूँ जहाँ को बदलने का रखते हैं नादाँ
जहाँ के साथ सयाने बदलते रहते हैं

हमारी ज़िन्दगी के सारे अन्दाज़े ग़लत निकले

हमारी ज़िन्दगी के सारे अन्दाज़े ग़लत निकले
दी हमने दस्तकें जिन पर वो दरवाज़े ग़लत निकले

नजूमी! ये बता क्यूँ कर तेरे दावे ग़लत निकले
सितारे मेरी ही क़िस्मत के क्यूँ सारे ग़लत निकले

सवालों को झड़ी ऐसी लगायी ज़िन्दगानी ने
जवाब आधों के सूझे ही नहीं आधे ग़लत निकले

जो जहाँ है वहाँ ख़ुश नहीं

जो जहाँ है वहाँ ख़ुश नहीं
कोई भी तो यहाँ ख़ुश नहीं

ख़ाक़ हो तो गया आशियाँ
फिर भी क्यूँ बिजलियाँ ख़ुश नहीं

जाने क्यूँ है समुन्दर ख़फ़ा
जाने क्यूँ नद्दियाँ ख़ुश नहीं

ज़िन्दगी पूछती है मिज़ाज
कैसे कह दूँ कि हाँ ख़ुश नहीं

ख़ुश नहीं अपनी दुनिया से मैं
मुझसे मेरा जहाँ ख़ुश नहीं

क्या बशर की ख़ुशी-नाख़ुशी
जब ज़मीं आसमाँ ख़ुश नहीं

ज़िन्दगानी ने यूँ आज़माया कि बस

ज़िन्दगानी ने यूँ आज़माया कि बस
उम्र को हमने ऐसे बिताया कि ब़स

बेच कर अपनी छोटी-बड़ी हर ख़ुशी
ग़म यहाँ हमने इतना कमाया कि बस

बैठने एक पल भी न हमको दिया
उम्र भर दिल ने ऐसा नचाया कि बस

दुश्मनी दुश्मनों की पशेमाँ हुई
साथ यूँ दोस्तों ने निभाया कि बस

डरते-डरते गये सामने जब कभी
आईना हम पे यूँ मुस्कुराया कि बस

सुनने वाले सभी सिसकियाँ भर उठे
दर्द को हमने यूँ गुनगुनाया कि बस

सारे ही यक़ीं अपने तो वहमों-गुमाँ निकले

सारे ही यक़ीं अपने तो वहमों-गुमाँ निकले
था दोस्त जिन्हें जाना वो दुश्मने-जाँ निकले

अन्दाज़ इबादत का ऐसा हो तो कैसा हो
मस्जिद में भजन गूँजें मन्दिर से अज़ाँ निकले

खोदो तो कहीं दिल की वीरान ज़मीनों को
मुमकिन है कहीं कोई बस्ती का निशाँ निकले

डाले ही रही डेरा हसरत मेरे सीने में
ता उम्र मेरे दिल के अरमाँ भी कहाँ निकले

उस दर्द के क्या कहने जिस दर्द को सहने में
आँखों से लहू टपके सीने से धुआँ निकले

कुछ कहते हुए अब तो रहता है यही ख़द्शा
छिन जाये ज़ुबाँ किस पर, किस बात पे जाँ निकले

चाँद-तारे हीरे-मोती चाँदी-सोना चाहता है

चाँद-तारे हीरे-मोती चाँदी-सोना चाहता है
देखिये क्या-क्या ये मिट्टी का खिलौना चाहता है

ख़ुश नहीं है कोई भी दुनिया में अपने आप से अब
हर कोई अपने सिवा कुछ और होना चाहता है

उसको पाने की तमन्ना हर किसी की है सदा, पर
कौन उसकी जुस्तजू में ख़ुद को खोना चाहता है

क्या करेगा सुनके तू मेरे दुखों की दास्तानें
रहने दे क्यूँ अपनी आँखों को भिगोना चाहता है

ग़मों ने कर लिया सीने में घर आहिस्ता-आहिस्ता

ग़मों ने कर लिया सीने में घर आहिस्ता-आहिस्ता
उजड़ता ही गया दिल का नगर आहिस्ता-आहिस्ता

खुले हम पर हमारे राहबर आहिस्ता-आहिस्ता
कठिन होता गया अपना सफ़र आहिस्ता-आहिस्ता

गुज़र जाते हैं तेज़ी से बरस तो ज़िन्दगानी के
मगर आता है जीने का हुनर आहिस्ता-आहिस्ता

मैं कैसे भूल जाऊँ दर्दमन्दी अपने क़ातिल की
क़लम जिसने किया था मेरा सर आहिस्ता-आहिस्ता

न जाने क्यूँ थका-सा लग रहा है आज कुछ सूरज
चढ़ी है धूप भी दीवार पर आहिस्ता-आहिस्ता

कोई यक़ीं न कोई गुमाँ दूर-दूर तक

कोई यक़ीं न कोई गुमाँ दूर-दूर तक
फैला है बस धुआँ ही धुआँ दूर-दूर तक

बस्ती से अपनी भाग के जाओगे किस जगह
ऐसा ही है ये सारा जहाँ दूर-दूर तक

मौसम तो ये बहार के आने का था मगर
गुलशन पे छा गयी है ख़िज़ाँ दूर-दूर तक

रोशन थी जिन ख़यालों से कल तक ये ज़िन्दगी
मिलते नहीं अब उसके निशाँ दूर-दूर तक

दीवार है न दर है न छत है न खिड़कियाँ
फैला हुआ है मेरा मकाँ दूर-दूर तक

हिन्दी के रस के साथ है उर्दू का लोच भी
समझी गयी है मेरी ज़ुबाँ दूर-दूर तक

है सुकूँ बाहर न चैन अन्दर करूँ तो क्या करूँ

है सुकूँ बाहर न चैन अन्दर करूँ तो क्या करूँ
छा गयी है उलझनें मुझ पर करूँ तो क्या करूँ

जब तवज्जो ही नहीं मेरी तरफ़ तेरी तो फिर
ज़िन्दगी तू ही बता जी कर करूँ तो क्या करूँ

तुम भी इक दिन छोड़ के चल दोगे औरों की तरह
दिल से जाता ही नहीं ये डर करूँ तो क्या करूँ

रास्ता काटे नहीं कटता है घर की याद में
लौटने पर काटता है घर करूँ तो क्या करूँ

जोड़ता हूँ जब भी इस दुनिया से अपने आपको
टूटता है कुछ मेरे अन्दर करूँ तो क्या करूँ

सर उठाना जुर्म ठहरा है मगर मेरे खुदा
और कहीं झुकता नहीं ये सर करूँ तो क्या करूँ

जिसमें तू रक्खे उसी में ख़ुश हूँ

जिसमें तू रक्खे उसी में ख़ुश हूँ
मैं तो बस तेरी ख़ुशी में ख़ुश हूँ

लुत्फ़ आने लगा बीमारी में
मैं तेरी चाराग़री में ख़ुश हूँ

किसने ख़ुशियों का समन्दर माँगा
मैं तो अश्कों की नदी में ख़ुश हूँ

मेरी अपनी तो ख़ुशी कोई नहीं
जाने किस-किस की ख़ुशी में ख़ुश हूँ

क़हक़हे रास नहीं आते मुझे
अपनी फीकी-सी हँसी में ख़ुश हूँ

हमारे हमसफ़र आँखों में कुछ मंज़र उठा लाये

हमारे हमसफ़र आँखों में कुछ मंज़र उठा लाये
मगर हम चलते-चलते राह के पत्थर उठा लाये

गये जब आईने के सामने तो हँस के वो बोला
मियाँ तुम अपनी गरदन पर ये किसका सर उठा लाये

हमें तो डूब कर भी कुछ न मिल पाया समन्दर से
मगर कुछ लोग साहिल तक गये गौहर उठा लाये

मेरी निगाहों से दूर मुझमें

मेरी निगाहों से दूर मुझमें
कहीं तो कुछ है ज़रूर मुझमें

सज़ा भले ही दे अपनी मुझको
न ढूँढ अपना क़ुसूर मुझमें

ये कौन हावी हुआ है मुझ पर
कहाँ से आया गुरूर मुझमें

चला लिया काम कंकरों से
पड़ा रहा कोहिनूर मुझमें

किया नुमायाँ मेरे सुख़न को
है ये ख़ुदा का ही नूर मुझमें

न कह सकी जो शऊरी कोशिश
वो कह गया लाशऊर मुझमें

नवाज़िशें आपकी वगरना
कहाँ है कुछ भी हुज़ूर मुझमें

रिश्ता टूटा धारे से

रिश्ता टूटा धारे से
कश्ती लगी किनारे से

लड़ते-लड़ते फिर सूरज
हार गया अन्धियारे से

ठहरे-ठहरे दुख के दिन
सुख के पल हैं पारे से

लोग बुझाने निकले हैं
अंगारा अंगारे से

हर द्वारे पर दस्तक दी
लौट आये हर द्वारे से

सफ़र में जो ठण्डी हवा चल रही है

सफ़र में जो ठण्डी हवा चल रही है
मेरे साथ माँ की दुआ चल रही है

इधर हम भी नाराज़ हैं ज़िन्दगी से
उधर ज़िन्दगी भी ख़फ़ा चल रही है

वही हाल है ज़िन्दगी के मरज़ का
दवा चल रही थी, दवा चल रही है

गुज़ारी है ये ज़िन्दगी हमने जैसे
जनम-दर-जनम इक सज़ा चल रही है

कहीं कुछ न बदला जहाँ में युगों से
वही राम-रावण कथा चल रही है

अब किसको समुन्दर के ख़ज़ाने की पड़ी है

अब किसको समुन्दर के ख़ज़ाने की पड़ी है
हर इक को फ़क़त जान बचाने की पड़ी है

वो हैं कि उन्हें याद नहीं कोई भी वादा
हम हैं कि हमें अब भी निभाने की पड़ी है

कब तजरुबे औरों के सिखा पाये हैं दिल को
दीवाने को ख़ुद ठोकरें खाने की पड़ी है

ऐ ज़िन्दगी! गर तेरी तवज्जो नहीं हम पर
याँ किसको तेरे नाज़ उठाने की पड़ी है

सच कितना है और झूठ है कितना किसे मालूम
दुनिया को तो इल्ज़ाम लगाने की पड़ी है

दुनिया ही उलटने को है आमादा बिरादर
और तुमको फ़क़त अपने ठिकाने की पड़ी है

कुछ कम तो नहीं टूटे हुए ख़्वाबों की किरचें
इस दिल को नये ख़्वाब सजाने की पड़ी है

अपनी तक़दीर कहाँ चाँद-सितारे लायक़

अपनी तक़दीर कहाँ चाँद-सितारे लायक़
रब ने लिक्खा है मुक़द्दर में गुज़ारे लायक़

जाने कितने ही जनम हमने लिये हैं लेकिन
ज़िन्दगानी न मिली हमको हमारे लायक़

ख़ैर कश्ती तो बड़ी चीज़ है तिनकों तक ने
हमको समझा न कभी अपने सहारे लायक़

बोलबाला-सा है नाअहलों का अब दुनिया में
खो गये जाने कहाँ सारे-के-सारे लायक़

ग़म तो आख़िर ग़म होता है

ग़म तो आख़िर ग़म होता है
रोने से कब कम होता है

इस दुनिया के दुख सहने को
इक जनम क्या कम होता है

शोर मचाना झूठ की फ़ितरत
सच का सुर मद्धम होता है

नाज़िल होती हैं अब ग़ज़लें
एक अजब आलम होता है

छोड़ के घर जाने वालों में
कोई-कोई गौतम होता है

दरिया ये देखता है मैं डूबा कहाँ तलक

दरिया ये देखता है मैं डूबा कहाँ तलक
मुझको बचा सकेगा ये तिनका कहाँ तलक

महरूम रहमतों से ख़ुदा की रहूँ मैं क्यूँ
आख़िर जियूँ मैं बनके फ़रिश्ता कहाँ तलक

ख़ुशियों की सरज़मीन तो महदूद है मगर
फैला हुआ है ग़म का इलाका कहाँ तलक

मरने से रोज़-रोज़ के अब दे भी दे निजात
फूंकेगा जान मुझमें मसीहा! कहाँ तलक

आया न काम ज़ब्त से लेना तुझे कभी
ऐ दिल! सिखाऊँ ग़म का सलीक़ा कहाँ तलक

क्या जानिये क्या चाँद-सितारों में छुपा है

क्या जानिये क्या चाँद-सितारों में छुपा है
इक राज़-सा क़ुदरत के नज़ारों में छुपा है

ख़ुशियाँ भी उसी से है वही ग़म का सबब भी
पोशीदा जो गुल में वही ख़ारों में छुपा है

तह में है समुन्दर के ख़ज़ाने-ही-ख़ज़ाने
सीपी के सिवा कुछ न किनारों में छुपा है

क्यूँ ग़ैर को इल्ज़ाम दें हम हार का अपनी
दुश्मन जो हमारा है हमारें में छुपा है

उलझी हुई रेखाओं में उलझा है नजूमी
क्या जाने मुक़द्दर के इशारों में छुपा है

यूँ तो तुझे देखा है मैंने जाने कितनी बार समुन्दर

यूँ तो तुझे देखा है मैंने जाने कितनी बार समुन्दर
लेकिन अब तक समझ न पाया मैं तेरा विस्तार समुन्दर

साहिल पर सर पटक-पटक कर लौटा आख़िरकार समुन्दर
कभी-कभी इन्सानों जैसा लगता है लाचार समुन्दर

लाख छुपा ले इन मौजों के पीछे तू अपना सूनापन
सुनने वाले सुन लेते हैं तेरा हाहाकार समुन्दर

धूप जलाने लगती है जब ज़र्रा-ज़र्रा जिस्म ज़मीं का
धीरे-धीरे ले लेता है बादल का आकार समुन्दर

कैसे छुपा कर रख लेता है दिल में दुखों के इतने मोती
काश! मिला होता इन्साँ को तुझ जैसा किरदार समुन्दर

फ़िक्र तुझे है अपने घर की और मुझे दुनिया की चिन्ता
तेरा सोच-विचार है दरिया मेरा सोच-विचार समुन्दर

❑❑❑